Radel · Bärengeschichten zum Vorlesen

Bären-
geschichten
zum Vorlesen

Herausgegeben von Jutta Radel
Zeichnungen von Sigrid Gregor

Loewe

Die Deutsche Bibliothek – CIP-Einheitsaufnahme

Bärengeschichten zum Vorlesen / hrsg. von Jutta Radel.
Zeichnungen von Sigrid Gregor.
1. Aufl. – Bindlach: Loewe, 1994
ISBN 3-7855-2665-2

ISBN 3-7855-2665-2 – 1. Auflage 1994
© 1994 by Loewes Verlag, Bindlach
Umschlagillustration: Sigrid Gregor
Satz: Voro, Rödental
Gesamtherstellung: Offizin Andersen Nexö, Leipzig
Printed in Germany

Inhalt

Glück und Segen

„Jetzt stell dich nicht so an, Junge, du bist doch sonst nicht auf den Kopf gefallen!" Mutter Bär fuhr ihrem Sohn mit dem Kamm durch die Haare. „Außerdem siehst du entzückend aus in deinen neuen Jeans."

„Ich will nicht entzückend aussehen – außerdem kneifen sie mich", sagte der kleine Bär. „Die alten sind mir viel . . ."

„Du kannst in den ausgebeulten Dingern nicht zum Geburtstag gehen."

„Das will ich sowieso nicht", sagte der kleine Bär.

„Junge, ich sage es dir zum letztenmal: Ein Patenkind gratuliert seiner Patin zum Geburtstag, noch dazu, wenn es der fünfundzwanzigste ist. Wir wissen doch, was sich gehört."

„Aber die vielen fremden Leute", sagte der kleine Bär. „Und alle gucken so komisch."

„Das sind keine fremden Leute, Junge, die gehören doch zu unserer Familie."

„Aber wenn sie so komisch gucken, fällt mir bestimmt der Anfang von dem Vers nicht ein."

„Du brauchst doch nur an das neue Lebensjahr zu denken, das für die Patin Annette heute anfängt. So, und jetzt nimm den Blumenstrauß, und geh los."

Der kleine Bär machte sich seufzend auf den Weg. Stolz sah ihm seine Mutter nach. Ein hübscher Junge, dachte sie, und so aufgeweckt.

In diesem Augenblick stolperte der kleine Bär, weil er sich noch einmal nach seiner Mutter umgedreht hatte. Um ein Haar wäre ihm der Blumenstrauß in den Graben gefallen.

Bei seiner Patin Annette fand er es genau so vor, wie er es befürchtet hatte. Die ganze große Bärenfamilie Petz war versammelt, und alle starrten den kleinen Bären an.

Der kleine Bär machte einen langen, tiefen Diener, weil ihm

der Anfang von seinem Vers nicht einfallen wollte, er hielt dabei aber den Blumenstrauß hoch.

„Is där gleine Gerl ooch e Betz?" fragte jemand.

„Freilich, Onkelchen", antwortete die Patin. „Das ist der Jüngste von uns. Und was er mir für einen schönen Strauß mitbringt!"

„Nee, so schöne Plumen, das is ja e richtches Piedermeiersträußchen. Dafür muß er aber e kroßes Stück Dorte kriegen."

Das Wort Dorte hatte der kleine Bär noch nie gehört, aber er war ja nicht auf den Kopf gefallen, es konnte sich eigentlich nur um Torte handeln.

Und so war es auch. Nachdem er seiner Patin gratuliert hatte, bekam er ein riesiges Stück Sachertorte, und während er es aß, wollten die Geburtstagsgäste von ihm wissen, wo er herkomme, ob er einen weiten Weg gehabt habe und wie alt er sei. Am meisten fragte der Onkel, der so seltsam redete und immer Betz sagte, wenn von der Familie Petz die Rede war.

Plötzlich hörte der kleine Bär, wie jemand vom neuen Lebensjahr redete, und sofort fiel ihm sein Geburtstagsvers wieder ein. Er stand auf – aber niemand bemerkte es, außer dem Onkel.

„Ich hab' noch was vergessen", sagte der kleine Bär.

Auch das hörte niemand.

Da klopfte der Onkel mit seinem Löffel an die Kaffeetasse. „Jetzt seid mal e bißschen stille, ihr Lieben. Unser Jüngster möchte was saachen."

Der kleine Bär sah seine Patin an und holte tief Luft. Dann legte er los:

> „Zu deinem neuen Lebensjahr
> bring' ich dir gute Wünsche dar.
> Auf allen deinen Wegen
> sei mit dir Glück und Segen."

Die Patin umarmte den kleinen Bären. Die anderen klatschten, und der Onkel sagte: „Tonner und Toria! Där gleine Betz wird emal eine kanz große Ganone." Dieser Meinung waren auch die anderen, und die Patin schnitt gleich noch ein Stück Torte ab.

Aber der kleine Bär sagte: „Ich muß leider nach Hause. Meine Mutter hat gesagt: ‚Mehr als ein Stück Torte ißt man nicht, wir wissen, was sich gehört.'"

Daraufhin lachten alle, und der kleine Bär wußte überhaupt nicht, warum.

Als der kleine Bär endlich wieder daheim war, erzählte er, wie er es angetroffen hatte. Auch von dem Onkel erzählte er, der so komisch redete. „Bei Blumen sagt er Plumen, aber wenn er Petz sagen soll, dann sagt er Betz. Ich möchte bloß wissen, woran das liegt."

„Ja, weißt du", sagte die Mutter Bär darauf, „dort, wo der Onkel herkommt, sprechen die Leute ein bißchen anders als wir. Aber daß du es gemerkt hast!" Sie sah ihren Sohn voller Stolz an und dachte: Der Junge ist weit über sein Alter hinaus.

Barbara Bartos-Höppner

13

Der Bär und die Krähe

Der Bär war auf dem Weg in die Stadt. Er trug seinen schönsten Mantel, seinen besten Hut und seine glänzendsten Schuhe.

„Wie gut ich aussehe", brummte er selbstgefällig. „Die Leute in der Stadt werden beeindruckt sein. Meine Kleidung ist hochmodern."

„Entschuldige, daß ich zugehört habe", sagte eine Krähe, die auf einem Ast im Baum saß. „Ich muß dir leider widersprechen. Deine Kleidung ist keineswegs auf dem neuesten Stand der Mode. Ich komme gerade aus der Stadt und kann dir genau sagen, wie die Herren dort gekleidet sind."

„Nun erzähl schon!" drängte der Bär. „Ich möchte völlig korrekt angezogen sein."

„Dieses Jahr tragen die feinen Herren keine Hüte, sondern Bratpfannen", sagte die Krähe. „Sie tragen weder Mäntel noch Westen, sondern wickeln sich in ein Bettlaken ein. Außerdem tragen sie keine Schuhe, sondern stecken ihre Füße in Papiertüten."

„Du liebe Zeit!" rief der Bär. „Da bin ich völlig falsch angezogen."

Er rannte nach Hause und legte alle Kleidungsstücke ab. Dann setzte er sich eine Bratpfanne auf den Kopf, wickelte sich in ein Bettlaken, stopfte seine Füße in große Papiertüten und beeilte sich, in die Stadt zu kommen.

Als der Bär die Hauptstraße erreicht hatte, schmunzelten und kicherten die Leute und zeigten mit den Fingern auf ihn.

„Welch lächerlicher Bär!" riefen sie.

Der verwirrte Bär machte kehrt und lief nach Haus. Unterwegs begegnete er wieder der Krähe.

„Krähe, du hast mir nicht die Wahrheit erzählt!" rief der Bär.

„Ich habe dir viel erzählt", sagte die Krähe und flog aus dem Baum, „aber ich habe nie behauptet, die Wahrheit gesagt zu haben."

Obwohl sie bereits hoch in der Luft war, konnte der Bär immer noch ihr schrilles, krächzendes Gelächter hören.

Was einer glauben will, das glaubt er auch, und wenn es noch so dumm ist.

Arnold Lobel

Der kleine Bär und der Vogel

Es war an einem Frühlingstag, da ging ein kleines Mädchen im Garten spazieren. Dort fand es ein Vögelchen, das war so klein, daß es noch nicht einmal fliegen konnte. „Wie bist du niedlich", sagte das Mädchen, „wo kommst denn du her?"

„Aus meinem Nest", sagte der Vogel.

„Und wo ist dein Nest, kleiner Vogel?" fragte das Mädchen.

„Ich glaube, dort oben", sagte der Vogel.

Das kleine Mädchen schaute hinauf zum Baum, aber es sah kein Vogelnest.

„Dann ist es wohl dort drüben", sagte der Vogel.

Das Mädchen suchte in der Hecke, aber auch dort war kein Vogelnest. Es suchte auf allen Seiten, doch es war umsonst. Und kein Vogelvater und keine Vogelmutter kamen, den kleinen Vogel heimzuholen. Da sagte das Mädchen: „Du bleibst einfach bei mir, dann bist du mein kleiner Vogel." Es nahm das Vögelchen mit ins Haus und machte ihm ein schönes Nest.

„Bitte, stell mich ans Fenster", sagte der Vogel, „ich schaue so gern hinaus auf die Bäume und hinauf zum Himmel."

Das Mädchen trug den Vogel hin zum Fenster.

„Oh", sagte der Vogel, „wie wunderschön muß es sein, draußen zu fliegen."

„Hier drin kann man auch gut fliegen", sagte das Mädchen.

Der Vogel bekam jeden Tag sein Futter und wuchs und begann zu singen. Und bald konnte er auch fliegen. Er flog im ganzen Haus herum. Und das war wirklich ein Spaß, genau wie das Mädchen gesagt hatte. Aber eines Tages war der Vogel ganz traurig.

Das Mädchen fragte: „Warum bist du so traurig, kleiner Vogel?"

„Ich weiß es nicht", sagte er, „mein Herz ist so traurig."

„So sing doch ein Lied", sagte das Mädchen.

„Ich kann nicht mehr singen", sagte der Vogel.

„Dann flieg ein wenig im Haus herum", sagte das Mädchen.

„Das mag ich auch nicht", sagte der Vogel.

Da kamen dem Mädchen die Tränen in die Augen. Es nahm den kleinen Vogel und ging mit ihm in den Garten hinaus.

„Ich habe dich sehr lieb", sagte es, „aber ich möchte nicht, daß du hier traurig bist. Flieg fort, wenn du willst. Ich lasse dich frei."

Da flog der Vogel weg, hoch hinauf in den blauen Himmel. Und er sang laut ein frohes Lied. Dann kam er wieder herunter und flatterte um das Mädchen herum. „Sei nicht traurig", sagte der Vogel, „ich habe dich auch lieb. Ich fliege jetzt in die Welt hinaus, aber ich komme wieder zurück. Jedes Jahr komme ich wieder zurück." Das Mädchen streichelte den Vogel, und dann flog er fort.

„Und ist er wieder zurückgekommen, Großmutter?" fragte der kleine Bär.

„O ja, kleiner Bär", sagte die Großmutter, „er kam zurück. Und auch seine Kinder kamen wieder ... hier ist gerade eines."

„Aha ...", sagte der kleine Bär. „Ich hätte den kleinen Vogel auch freigelassen, Großmutter. Ich hätte es genau wie das Mädchen gemacht."

Elsa Holmelund Minarik

Der Bär als Weihnachtsbaum

Der Bär, der Hamster und der Hund wollten einmal Weihnachten feiern. Sie gingen in den Wald, um einen Weihnachtsbaum zu holen. Aber die Weihnachtsbäume waren alle festgewachsen, und eine Säge hatten sie nicht dabei. Da gingen sie in die Stadt zu einem Weihnachtsbaumverkäufer. Aber der Bär hatte kein Geld und der Hamster auch nicht und der Hund erst recht nicht. Sie liefen zu allen Weihnachtsbaumverkäufern in der Stadt, aber keiner wollte ihnen einen Weihnachtsbaum schenken. Und bald waren auch überhaupt keine Weihnachtsbäume mehr da.

„Ach, hätten wir doch nur einen Weihnachtsbaum", sagte der Bär und stellte sich einen Weihnachtsbaum vor, an dem lauter goldgelbe Honigbonbons hingen.

„Ach, hätten wir doch nur einen Weihnachtsbaum", sagte der Hamster und stellte sich einen Weihnachtsbaum vor, an dem lauter prachtvolle Kornähren hingen.

„Ach, hätten wir doch nur einen Weihnachtsbaum", sagte der Hund und stellte sich einen Weihnachtsbaum vor, an dem lauter geräucherte Knackwürste hingen.

„Aber wir haben keinen Weihnachtsbaum", sagte der Bär, „und deshalb können wir auch kein Weihnachten feiern."

„Doch", sagte der Hund und guckte den Bären von schief unten nach schräg oben an.

„Wie das?" fragte der Bär.

„Ganz einfach", sagte der Hund, „*du* bist der Weihnachtsbaum."

Und so war es denn auch. Sie bestreuten den Bären mit Tannennadeln und gaben ihm zwei leuchtende Kerzen in die Hände. Und dann stellten sich der Hund und der Hamster vor den Weihnachtsbaumbären und sangen „O du fröhliche" und „O Tannenbaum" und „La Paloma", aber das war ja schon gar kein Weihnachtslied mehr.

Da schüttelte der Bär die Tannennadeln ab und sagte: „Weihnachten ist zu Ende."

„Das waren aber kurze Weihnachten", sagte der Hund.

„Aber schön war's doch", sagte der Hamster, und dann gingen alle drei ihrer Wege.

Fredrik Vahle

19

Die Neujahrsnacht

Es war in der Silvesternacht. Der Wind heulte und wehte den Schnee von den Bäumen und Sträuchern im Garten.

Und wer es nicht besser wußte, konnte meinen, die Gespenster hätten heute Tanzabend. Es klapperte und knackte und pfiff und raschelte und tobte.

Die Puppe Annabella Klimperauge saß neben Leo dem Stofflöwen auf der Fensterbank im Kinderzimmer. Sie trug einen dicken Wollpullover über dem Seidenkleid. Leo hatte den grünen Schal umgebunden.

In den Heizkörpern gurgelten die Luftblasen, und das Licht der Straßenlaterne malte ein Gardinenmuster an die Kinderzimmerwand.

„Frierst du noch, Leo?" fragte Annabella.

„Kein bißchen!" antwortete Leo.

„Tut dein Hals noch weh?" fragte Annabella.

Leo räusperte sich und schluckte: „Nein, im Augenblick nicht."

Annabella rückte ganz nah an ihn heran.

„Was meinst du, Leo, wird es noch lange dauern?"

Leo drehte sich um und starrte angestrengt auf die Leuchtziffern des Weckers, der auf dem Nachttisch stand.

„Wenn ich richtig lese, wird es noch fünf Minuten dauern, dann sind beide Zeiger oben, und so muß es sein."

„Was muß so sein?" fragte eine kleine piepsige Stimme vom Bett her.

„Wehe, du antwortest", zischte Annabella.

Leo der Stofflöwe runzelte die Stirn. „Ich weiß nicht, was du gegen Klaus Teddy hast. Er ist doch noch ganz klein. Er kennt sich nicht aus."

„Pah", sagte Annabella. „Er ist neu. Er hat eine blöde hellblaue Schleife um den Hals. Er ist unausstehlich. Lena hat uns vergessen, seitdem er da ist. Sie spielt nur mit ihm. Er darf sogar in ihrem Bett schlafen. Für mich ist er Luft!"

„Ihr seid gemein!" schluchzte Klaus Teddy. „Ihr seid furchtbar gemein!"

„Siehst du", sagte Annabella, „jetzt heult er sogar, der Zuckerbär! Das ist alles, was er kann. In Lenas Bett liegen und heulen!"

„Sei doch nicht so fies", knurrte Leo. „Schließlich waren wir alle mal neu."

Gerade als er das sagte, fing es draußen an, furchtbar laut zu pfeifen, und dann gab es einen ohrenbetäubenden Knall.

„Es geht los!" rief Annabella. „Guck mal, Leo, es geht los!"

Der schwarze Himmel war plötzlich ganz hell und bunt. Überall stiegen flimmernde Sterne auf, die funkelten und glitzerten wie Edelsteine. Gelbe, rote, grüne und blaue Leuchtkugeln zerplatzten. Und es zischte und heulte und knallte.

„Oh!" rief Annabella, und „ahh!"

Leo sagte nichts. Er war stumm vor Staunen und nickte nur mit seinem dicken Löwenkopf.

„Guck mal, Leo", rief Annabella. „Da im Garten ist Lena! Sie winkt uns!"

„Ein frohes neues Jahr!" rief Lena.

„Ein frohes neues Jahr!" rief Annabella Klimperauge.

„Ein frohes neues Jahr!" knurrte Leo.

„Dir auch, lieber Leo", sagte Annabella. Sie gab Leo dem Stofflöwen einen Kuß. „Ein frohes neues Jahr, und daß alles, was du dir wünschst, wahr wird."

„Für dich auch", sagte Leo leise.

„Ich weiß, was ich mir wünsche", sagte Annabella. „Ich wünsche mir, daß Klaus Teddy wieder verschwindet!"

„Das darfst du nicht wünschen!" Leo rückte von Annabella weg. „Das ist kein schöner Wunsch!"

„Aber Klaus Teddy stört", sagte Annabella Klimperauge.

Leo guckte rüber zum Bett. Eine Rakete erleuchtete das Zimmer taghell.

Da lag Klaus Teddy. Er hatte das Kissen über den Kopf gezogen, und sein Körper zuckte und ruckte. Leo rutschte von der Fensterbank und lief zum Bett.

„He, Kleiner, was ist denn los? Warum weinst du denn so?"

„Ich will hier nicht bleiben", schluchzte Klaus Teddy unter dem Kissen. „Ich will wieder ins Regal. Ich will zu meiner Mama und zu meinem Papa und zu Onkel Gustav!"

„Aber, Kleiner", Leo der Stofflöwe streichelte Klaus Teddy. „Nu' heul doch nicht. Annabella hat es nicht so gemeint."

„Hab' ich doch!" rief Annabella.

„Es ist nicht wegen ihr", schluchzte Klaus Teddy. „Es ist, weil in mir drin alles weh tut."

„Das ist das Heimweh", sagte Leo der Stofflöwe. „Das hat man immer zuerst. Aber es geht vorbei. Glaub mir, es geht vorbei!"

„Ich will zu Mama und Papa und zu Onkel Gustav!" heulte Klaus Teddy.

„Erzähl mir von ihnen", sagte Leo.

Klaus Teddy zog die Nase hoch. „Soll ich wirklich erzählen?" fragte er. Leo nickte.

„Wir wohnten ganz lange in diesem großen Spielzeuggeschäft", sagte Klaus Teddy. „Wir saßen nebeneinander im hintersten Regal. Papa Bär saß rechts, dann kam ich, dann Mama Bär, und neben Mama Bär saß Onkel Gustav. Abends, wenn die Türglocke nicht mehr bimmelte und Herr Heimreich abgeschlossen hatte, wurde es richtig gemütlich. Dann brannten nur noch die bunten Lichter im Schaufenster, und Robert der Roboter funkelte mit seinen grünen Augen. Dann rückten wir etwas enger zusammen, und Onkel Gustav fing an zu erzählen. Onkel Gustav

kannte die schönsten Geschichten. Am liebsten erzählte er von Hongkong. Da war nämlich die große Spielzeugfabrik, und Onkel Gustav konnte sich ganz genau erinnern, wie wir gemacht worden sind. Die Frauen saßen an großen Tischen. Sie nähten uns Glasaugen ins Gesicht, und den ganzen Tag lang spielte eine Flötenmusik im Lautsprecher. Manchmal sangen die Frauen mit, oder sie summten, oder sie sprachen von ihren Kindern und von ihren Männern und von den Häusern und Hunden und Katzen.

Wenn die Augen genäht waren, kamen die Lacknasen dran. Und dann, sagte Onkel Gustav, konnte man plötzlich nicht nur hören und sehen, sondern auch riechen. Manche Frauen rochen besonders gut, sagte Onkel Gustav. Nach warmen Reiskuchen und Ingwer und Vanille. Wenn man Glück hatte, war es so eine Frau, die einem die Nase annähte. Dann roch man selbst genauso. Onkel Gustav wußte das alles noch ganz genau, denn er war ein Musterbär. Ein Musterbär, das ist die Vorlage für alle anderen Bären. Deshalb saß Onkel Gustav auch mitten auf dem langen Tisch und konnte alles genau beobachten. Manchmal nahmen ihn die Frauen in die Hand. Sie guckten, wo die Augen sitzen mußten, oder sie guckten, wie die Nase angenäht war. Ja, und dann wurden alle Bären in bunte Kartons gepackt. Und es wurde dunkel, und wir konnten die Schiffe tuten hören. Es schaukelte und schaukelte, bis wir eingeschlafen waren.

Dann, nach einer halben Ewigkeit, machte Herr Heimreich die bunten Kartons auf, holte uns alle heraus und setzte uns ins hinterste Regal. Und Papa saß rechts, und dann kam ich, und dann kam Mama Bär, und neben Mama Bär setzte Herr Heimreich Onkel Gustav. Aber nur Onkel Gustav konnte die ganze Geschichte erzählen. Mama und Papa und ich, wir haben uns nie genau daran erinnern können. Wir waren ja keine Musterbären.

Ja, und eines Tages bimmelte die Türglocke, und Herr Heimreich führte eine Frau zum letzten Regal. Die zeigte auf mich und sagte, den da, den möchte ich kaufen. Ich habe ganz laut geschrien, aber sie haben mich einfach eingepackt, und jetzt bin ich hier."

Klaus Teddy fing wieder an zu weinen. „Ich will nach Hause", schluchzte er. „Ich will wieder ins Regal."

„Aber du darfst doch in Lenas Bett schlafen!" sagte Annabella. „Du hast es am allerbesten. Weil du der Neue bist."

„Ich brauch' kein Bett", schluchzte Klaus Teddy. „Ich will nach Hause."

Leo der Stofflöwe streichelte Klaus Teddy. „Ist ja gut", sagte

24

er. „Jetzt bist du bei uns, und wir werden bestimmt Freunde. Wir können dir auch Geschichten erzählen."

„Aber Annabella mag mich nicht."

„Quatsch!" sagte Annabella. „Da siehst du, wie dumm du bist. Ich will auch im Bett schlafen. Das ist alles. Und außerdem können wir noch was Besseres als Geschichten erzählen."

„Was denn?" fragte Klaus Teddy.

„Wir können Geschichten erleben. Selber erleben, verstehst du?"

„Du meinst, wir werden eine Geschichte?" fragte Klaus Teddy.

„So ist es", sagte Annabella. „Stimmt's, Leo?"

Leo nickte.

„Und sind wir jetzt Freunde?" fragte Klaus Teddy leise.

„Also, ich bin dein Freund", antwortete Leo.

„Na ja", sagte Annabella. „Du bist zwar dumm, aber du kannst ja noch lernen. Wenn du dir Mühe gibst!"

Jutta Richter

Ein Kindermädchen für die kleinen Bären

Was konnte den kleinen Bären nicht alles geschehen, wenn die große Bärin sie tagsüber allein ließ! Sie brauchten jemanden, der auf sie achtgab. So nahm die Bärin einen Sack voll Zwieback und machte sich auf den Weg. Zuerst traf sie die Krähe.

„Wohin des Wegs, Frau Bärin?"

„Ich suche jemanden, der auf meine Kleinen aufpaßt, wenn ich im Wald bin."

„Was bekommt er dafür?"

„Zwieback."

„Ei, für drei Stück will ich mich wohl um Deine Kinder kümmern."

„Wie willst Du's anfangen?"

„Nichts leichter als das, ich schreie Krakraa, Krakraa."

„Das ist die Art nicht, wie sie meine Kleinen brauchen."

Als nächsten traf die Bärin den Geier.

„Wohin des Wegs, Frau Bärin?"

„Ich suche jemanden, der auf meine Kleinen aufpaßt, wenn ich im Wald bin."

„Was bekommt er dafür?"

„Zwieback."

„Ei, für sechs Stück will ich mich wohl um Deine Kinder kümmern."

„Wie willst Du's anfangen?"

„Nichts leichter als das, ich werde kreischen, daß ihnen die Ohren schmerzen."

„Das ist die Art nicht, wie sie meine Kleinen brauchen."

Nun lief ein Hase der Bärin über den Weg.

„Hallo, Frau Bärin! Wohin des Wegs?"

„Ich suche jemanden, der auf meine Kleinen aufpaßt, wenn ich im Wald bin."

„Das will ich wohl tun."

„Verstehst Du denn etwas vom Kinderhüten?"

„Will's meinen."

„Und wie fängst Du's an?"

„Ich werde bei ihnen bleiben, wenn Du fort bist, und mit ihnen sprechen. Ihr Lieben, werde ich sagen, ihr Kleinen, mit euren unnützen Krummtätzchen. Nicht brummen, nicht stampfen, bis – die Mama kommt. Die bringt euch Honig und Himbeeren aus dem Wald, so viel Honig und Himbeeren. So will ich plaudern, Frau Bärin, und ihnen die runden Rücken streicheln und die kleinen, weichen Bäuchlein."

Die Bärin saugte alle diese Worte ein, grad so, als seien sie Honig und Himbeeren, und brummte vergnügt: „Der Handel gilt." Sie brachte den Hasen und den Zwiebacksack in die Höhle und sagte: „Ihr meine lieben Kleinen, hier ist euer Kindermädchen. Seid gehorsam und zaust es nicht zu sehr."

Und der Hase machte es sich behaglich in der Höhle, mümmelte und krümelte und war den Bärenkindern ein Kindermädchen, so gut und lieb man sich nur eines denken kann.

Ein russisches Märchen

Die Kamelkarawane

Heute ist Sonntag. Die Sonne scheint. Justus und Bär sind im Schwimmbad. Sie liegen auf der Decke in der Wiese und sind müde.

Vom Spielen und Tauchen im Wasser.

Bär ist ein guter Schwimmer. Springen kann er auch, vom Einmeterbrett.

Er hatte Angst.

27

Da nahm Justus ihn in seine Arme. Sie sind zusammen gesprungen.

Das war gar nicht schlimm. Es hat richtig Spaß gemacht.

Ob er vielleicht auch vom Fünfmeterbrett mit Justus springen will?

Das wollte Bär nicht.

Das Fünfmeterbrett ist hoch. Himmelhoch!

Bär kann es von der Wiese aus sehen.

Sein Kopf liegt auf Justus' Bauch.

Der ist aber kein bißchen weich.

„Warum hast du nicht so einen dicken Bauch wie ein Kopfkissen?" fragt Bär.

„Weil ich dicke Bäuche nicht leiden kann", sagt Justus.

Wenn es Bär bei ihm nicht gefällt, soll er sich doch ein anderes Kopfkissen suchen.

Bär will aber kein anderes.

Ihm gefällt der Bauch nicht, aber das Gluckern darin.

Das Gluckern?

„Gluckert es denn in meinem Bauch?" fragt Justus.

„Ja, du hast doch vorhin eine Flasche Sprudel getrunken."

Das gluckert.

„In den Bäuchen von Kamelen gluckert es bestimmt auch", sagt Bär. „Die trinken doch immer ganz viel Wasser auf Vorrat."

Justus gähnt. Er weiß das nicht. Er hat noch nie sein Ohr an einen Kamelbauch gedrückt.

Außerdem, wieso Bär jetzt gerade auf Kamele kommt?

„Weil da oben eine ganze Herde spazierengeht", sagt Bär.

Wo?

Da oben am Himmel.

Justus blinzelt in die Sonne.

Er sieht keine Kamele. Er sieht nur Wolken.

Bär blinzelt auch. Er sieht Wolkenkamele, eine Wolkenkamelkarawane. Eins, zwei, drei, vier, fünf Stück.

Fünf Stück?

28

Justus setzt sich.

Bär nimmt seinen Kopf in beide Pfoten. Drückt ihn in Richtung Wolkenkamele.

Sieht Justus sie jetzt?

Nein!

Dann soll er mal richtig hingucken. Das große Kamel hat doch die gespaltene Oberlippe. Und das kleine, ganz am Ende, was das für einen Höcker hat.

Einen Höcker!

„Na hör mal", sagt Bär. „Den kannst du doch ganz genau erkennen." Fünf Wolkenkamele sind da oben am Himmel. Und die haben fünf Höcker, fünf Schwänze. Und sie haben Beine.

Wieviel Beine, das kann Justus mal zählen. Er muß ja nicht alles Bär überlassen.

Justus zählt das, was Bär für Beine hält. Zehn Stück! – Soviel er weiß, besitzt jedes Wolkenkamel vier Beine. Also müssen fünf Kamele doch zwanzig Beine haben.

„Haben sie doch auch. Das ist doch nur, weil immer ein Bein das andere Bein verdeckt."

Bär stemmt die Pfoten in die Seiten. Ist Justus so dumm, oder tut er nur so?

Dumm will Justus nicht sein.

Er springt auf und schirmt mit den Händen die Augen ab. Damit er besser sehen kann.

Tatsächlich! Da spaziert ja wirklich eine Kamelkarawane über den Himmel.

„Wo?" Ein kleiner Junge zieht Bär hinten an seiner gestreiften Badehose. „Wo sind denn die Kamele?"

Bär zeigt sie ihm.

„Papa! Mama! Oma! Opa!" schreit der Kleine. „Kommt mal ganz schnell. Am Himmel sind ganz viele Kamele."

Papa, Mama, Opa und Oma kommen. Und viele andere Menschen, die rundherum auf der Wiese liegen. Alle wollen die Kamele sehen.

Nur, sie sehen sie nicht.

Sie können nur Wolken entdecken.

Wo denn die Kamele sein sollen?

„Da oben!" ruft Bär. „Da oben, da waren sie eben noch."

Plötzlich kann Bär sie auch nicht mehr sehen.

„Sie sind weg. Bestimmt haben sie sich hinter der dicken Wolke versteckt, weil ihr sie erschreckt habt."

Bär reibt sich die runde schwarze Nase.

Er ist traurig, daß er sie jetzt auch nicht mehr sehen kann.

Justus krault ihm das Fell. Unterm Kinn mag Bär das besonders.

„Du brauchst nur ein bißchen zu warten, dann kommen die Wolkenkamele bestimmt wieder raus", flüstert er ihm ins Ohr.

„Dann sind wir aber ganz leise", sagt Bär. „Damit sie nicht wieder weglaufen."

Ursula Fuchs

Der kleine Nachtwächter und der Bär

Als die Dämmerung kam, saßen die Leute vor ihren Häusern und erzählten von alten Zeiten. Der Drehorgelmann, der Bauer, die Blumenfrau, das Luftballonmädchen und der Dichter.

„Wölfe und Bären gab es damals", sagte der Bauer, und dann mußte er gähnen.

Und weil die anderen Leute auch müde waren, gingen sie alle zu Bett. Der kleine Nachtwächter blieb allein zurück. Er begrüßte den Mond, schaute den eiligen Wolken nach und machte seine Runde. Doch als er eben um die Ecke biegen wollte, stand plötzlich ein Bär vor ihm.

Es gibt keine Bären mehr, dachte der kleine Nachtwächter,

und er schloß die Augen. Aber als er sie wieder öffnete, war auch der Bär wieder da. „Guten Abend, Bär", sagte der kleine Nachtwächter freundlich. „Kommst du aus den alten Zeiten?"

„Brumm", entgegnete der Bär, und das konnte ja oder nein heißen. Er schüttelte sein zottiges, braunes Fell und wanderte durch das Dorf. Und der kleine Nachtwächter ging immer hinter ihm her. Als der Bär zum Dorfteich kam, betrachtete er lange sein Spiegelbild im Wasser.

„Du bist ein hübscher Bär", sagte der kleine Nachtwächter, denn zu Gästen muß man höflich sein. „Aber komm lieber da fort, sonst fällst du noch hinein!"

Da wandte der Bär sich ab und tapste zu den Häusern hinüber. Er steckte seinen dicken, braunen Kopf in die Fenster und schaute sich die Leute an.

„Oh", sagte der kleine Nachtwächter, „wenn sie aufwachen und dich sehen, werden sie sehr erschrecken, denn sie sind keine Bären gewöhnt. Komm lieber da fort!"

Da wandte der Bär sich ab und lief in den Blumengarten. Und weil ihm die weißen Rosen so sehr gefielen, begann er sie aufzufressen.

„Nein!" rief der Nachtwächter entsetzt. „Das ist verboten. Komm da fort!"

Da wandte sich der Bär zum drittenmal ab. Und diesmal war er traurig.

„Warte", sagte der kleine Nachtwächter.

Er zog seinen Kamm aus der Tasche und blies darauf eine kleine Melodie. Der Bär spitzte die Ohren, dann stellte er sich auf die Hinterbeine und begann zu tanzen. Immer fröhlicher wurde er. Und weil Fröhlichkeit mindestens so ansteckend ist wie die Masern, wurde auch der kleine Nachtwächter ganz vergnügt. Er packte den braunen Bären bei den Pfoten und tanzte mit. Linksherum tanzten sie, rechtsherum und im Kreise.

In der Früh, als der Morgen über die Dächer stieg, ließ der kleine Nachtwächter den Bären los.

32

„Ich will die Leute holen", sagte er. „Sie müssen sich an dich gewöhnen, denn du bist mein Freund."

Doch als er den Leuten den Bären zeigen wollte, war er verschwunden.

„Vielleicht habe ich den Bären nur geträumt", meinte der kleine Nachtwächter, und er lächelte ein wenig. „Aber wenn ich es will, wird er immer wieder bei mir sein, denn er ist mein Freund. Ich brauche nur die Augen zu schließen und an ihn zu denken."

Gina Ruck-Pauquèt

Superfreund Bär

Der Bär saß auf seinem Lieblingsplatz unter dem Birnbaum vor dem Haus. Silke kam vorbei und ließ den Kopf hängen.

„Was ist los?" fragte der Bär.

Silke druckste eine Weile herum, dann sagte sie verlegen: „Ich habe Tom und Bert erzählt, daß ich einen Freund habe, der seiltanzen kann und auch noch zaubern."

„Und jetzt wollen sie deinen Superfreund kennenlernen, nicht wahr?"

Silke schwieg.

Der Bär kratzte sich hinter dem linken Ohr. „Seiltanzen, zaubern, Mädchen, Mädchen, mußtest du so dick auftragen?"

Silke nickte heftig. „Anders ging es nicht! Tom bekommt ein neues Fahrrad, und Bert hat einen Onkel, der schreibt ihm aus Afrika. Ich hab' selber die Karte gesehen."

„Ja, wenn das so ist", sagte der Bär und kratzte sich hinter dem rechten Ohr. Silke malte mit der Fußspitze Muster in den Sand.

Endlich sagte der Bär: „Also, zaubern kann ich nicht, seiltanzen erst recht nicht. Ich bin nämlich nicht schwindelfrei!"

Silke sah ihn erstaunt an. „Wer redet von dir?"

„Na, du! Ich bin doch dein Freund, oder nicht?"

„Ja", sagte Silke gedehnt, „das schon."

„Ich kenne 'ne Menge Geschichten von früher", sagte der Bär. „Ich weiß auch, wie man eisgekühlte Limonade macht. Und ich konnte mal sehr gute Weidenflöten schnitzen. Das müßte ich eigentlich immer noch hinkriegen."

Silke winkte ab. „Das ist alles nichts gegen ein neues Fahrrad und eine Karte aus Afrika!"

Das Bär kratzte sich hinter dem linken und hinter dem rechten Ohr und seufzte. „War auch nur so eine Idee. Aber ich tauge wohl nicht zum Superfreund. Ich kann einfach nichts Großartiges!"

Der Bär sah so traurig aus, daß Silke ihre eigenen Sorgen ganz vergaß. „Soll ich dir vielleicht etwas beibringen?" fragte sie eifrig. „Wie wäre es mit Rollschuhlaufen?"

Der Bär schüttelte entsetzt den Kopf.

„Oder vielleicht Fußballspielen? Das kann ich nämlich sehr gut!"

Der Bär sah Silke zweifelnd an. „In meinem Alter?" fragte er ungläubig.

Doch Silke zog ihn einfach hinter sich her zur Wiese.

Der Bär warf seinem Lieblingsplatz einen sehnsüchtigen Blick zu und brummte: „Das lerne ich nie!"

Aber da hatte er sich getäuscht. Bald spielte er schon recht gut für einen Anfänger. Und als Tom und Bert zur Wiese kamen, fanden sie das auch.

Am liebsten hätte der Bär den ganzen Nachmittag Fußball gespielt.

Aber dann wurden alle durstig, und eisgekühlte Limonade war genau das richtige. Der Bär erzählte die alten Bärengeschichten und schnitzte Weidenflöten dabei.

„Du hast ja wirklich einen Superfreund!" sagte Tom auf dem Heimweg. „Und wir haben gedacht, du hast geflunkert!"

Silke wurde rot. „Aber richtig seiltanzen kann er nicht", sagte sie verlegen, „und zaubern wohl auch nicht besonders."

Bert blies ein paar Töne auf seiner neuen Flöte, dann sagte er: „Zaubern und seiltanzen können viele. Aber der Bär ist etwas Besonderes!"

36

„Ja", sagte Silke erleichtert, „das finde ich eigentlich auch."

Der Bär saß auf seinem Lieblingsplatz unter dem Birnbaum vor dem Haus. Er goß sich Limonade nach und blinzelte in die Abendsonne. Ich sollte das Rollschuhlaufen doch einmal probieren! dachte er. Und danach vielleicht seiltanzen? Nein, besser zaubern! Das ist sicher auch nicht schwer!

Frauke Nahrgang

Bärenzirkus Zampano

Einmal kam ein alter, roter Lastwagen über den Hügel gefahren. Fuhr auf der Landstraße, fuhr über den Hügel und kam in unser Dorf. Ein Mann stieg aus. Trug eine Gala-Uniform wie ein Löwenbändiger, hob die Plane vom Lastwagen, und auf dem Lastwagen war ein Käfig. In dem Käfig war ein Bär. Der Mann hängte ein Schild an den Käfig, darauf stand:

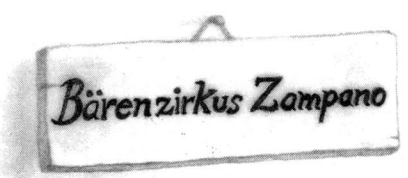

Und dann rief er: „Morgen, meine Herrschaften, findet eine Vorstellung statt, weil der Bär Kunststücke vorführen wird und tanzen kann. Ich werde ihn besiegen. Eintritt einsfünfzig auf allen Plätzen. Der starke Zampano bin ich."

Am nächsten Tag hatte er eine Kiste aufgestellt, das war die Kasse. Er hatte einen Kreis in den Sand gezeichnet, das war die Manege. Dann holte er den Bären aus dem Käfig und führte ihn an einem Strick in den Kreis.

Er kommandierte: „Zuerst verbeuge dich vor den Herrschaften und vor mir! Na los!" Und drückte dem Bären den Kopf mit der Peitsche nach unten, der Bär wehrte sich nicht.

Wir dachten: Der Mann muß aber sehr stark sein, wenn der Bär ihm gehorcht.

Dann mußte der Bär über eine Tonne springen. Der Mann warf die Peitsche weg, und der Bär mußte sie holen. Er mußte Handstand machen und doppelten Salto vorwärts und rückwärts. Er mußte auf der Tonne rollen wie ein Akrobat. Und der Bär tat es, ohne sich zu wehren. Dann ließ er ihn auf der Wiese marschieren und eine Trommel schlagen. Wie ein Hanswurst. Er mußte auf einem hochgefährlichen Seil balancieren, und als der Mann auf einer Klarinette spielte, mußte der Bär tanzen. Aus dem Kreis hinaus und auf dem Feld. Und dann mußte er sich wieder verbeugen, der Mann stellte ihm den Fuß mit dem Stiefel auf den Kopf und rief: „Besiegt! Ich habe den Bären besiegt."

Wir dachten schon: Der Mann muß wohl sehr, sehr stark sein, weil der Bär sich nicht wehrt.

Aber dann geschah etwas! Eine Fliege kam geflogen und wollte den Bären kitzeln. Der Bär wollte sie verjagen, wollte die Pfote heben, da zerrte der dicke Zampano am Seil und schrie: „Nein! Halt! Du bewegst dich nicht, hast du verstanden?" Aber der Bär bewegte sich doch. Er schlug mit der Pfote nach der Fliege, das Seil ruckte, und der dicke Zampano flog quer durch die Luft. Und als die Kitzelfliege dem Bären um die Nase kreiste, jagte der Bär im Kreis hinter ihr her, und der Mann an dem Seil flog im Kreis durch die Luft.

Wir dachten: Er könnte das Seil doch loslassen. Aber das war genau falsch, denn als es riß, flog er noch höher hinauf. Kreiste oben in der Luft herum, flog über unser Dorf und verschwand dann in der Ferne.

Der Bär jagte noch eine Weile die Fliege, und dann ging er weg. Ging über die Wiesen und verschwand im Wald.

Der Mann kam nicht wieder. Manchmal flog er noch über unserem Dorf vorbei und tut es heute noch. Der rote Lastwagen ist mit der Zeit verrostet, aus dem Käfig haben wir einen Hühnerstall gemacht, und was aus dem Bären wurde, wissen wir auch nicht ganz genau.

Ein alter Mann, der hinter dem Wald wohnt und einmal in unser Dorf kam, erzählte von einem besonders großen und starken Bären, der dort, wo der Wald am tiefsten ist, leben soll, sich die Sonne auf die Pfoten scheinen läßt – aber man geht ihm besser aus dem Weg.

Manchmal kommen Fremde in unsere Gegend und fragen, was das für ein seltsamer Mann sei, der da oben am Himmel über unserem Dorf herumfliegt. Dann erzählen wir ihnen die Geschichte vom dicken Zampano, der dachte, wer sich nicht wehrt, ist schwach. Der dachte, er könne einen Bären besiegen und mit einem roten Lastwagen durch das Land fahren. Und Zirkus machen.

Die Geschichte ist wahr.

Janosch

39

Aljoscha, der Bär

An einem rauhen Wintermorgen fand ein Trupp Geologen hoch oben im Norden Rußlands einen jungen Bären, der sich ängstlich in einer Felsspalte verkrochen hatte. Er war schon halb verhungert. Wenige Tage zuvor hatten durchziehende Nomaden in der Tundra Großwild gejagt. Dabei mußte die Mutter des kleinen Bären erschossen worden sein.

Die Geologen trugen das Bärenkind in ihr Zelt, gaben dem kleinen Kerl Kondensmilch zu trinken und nahmen ihn am Abend mit in den kleinen Ort, in dem sie ihr Quartier hatten.

In der Gastwirtschaft, in der die Geologen wohnten, fand der kleine Bär Unterkunft und eine neue Heimat. Der Sohn des Gastwirts gab ihm jeden Tag die Flasche.

Der Bär schlief in einem warmen Stall in Heu und trockenen Blättern. Tagsüber tappte er unbeholfen im Haus herum. Er

spielte mit allen Menschen, und sogar der große Wachhund hatte sich mit ihm angefreundet. Der Bär war ein lieber, netter Kerl, und man nannte ihn Aljoscha.

Als es Frühling geworden war, war Aljoscha um ein beträchtliches Stück gewachsen. Er war jetzt gar kein kleiner Teddy mehr, sondern hatte die Maße eines kleinen Kalbes. Schwerfällig stampfte er durch die Gaststube, und wenn ein Gast mit ihm spielte und der Bär freundschaftlich mit der Tatze zuschlug, konnte es sein, daß die schwarzen Bärenkrallen ein Stück vom Rockärmel des Gastes erwischten und zerrissen.

Eines Tages sagte deshalb die Gastwirtsfrau zu ihrem Mann: „Wir müssen uns von Aljoscha trennen. Er ist uns allen ans Herz gewachsen, aber wenn er noch größer wird, kann er gefährlich werden."

Der Mann nickte zustimmend, und die Frau fuhr fort: „Schreib einen Brief an den Zoo in Moskau. Biete den Leuten den Bären zum Kauf an."

Schweren Herzens schrieb der Mann den Brief. Noch bevor eine Woche vergangen war, kam die Antwort. Die Direktion des Tierparks war bereit, den Bären zu kaufen. Aljoscha wurde in eine Ladekiste gesteckt und auf einen Lastwagen geladen. Daraufhin fuhr man ihn zum nächsten Flugplatz. Das Flugzeug brachte ihn in wenigen Stunden nach Moskau.

Von nun ab lebte der kleine Bär hinter Schloß und Riegel. Er war in einen geräumigen Käfig des Tierparks eingeschlossen. Täglich kamen viele Menschen, die ihn bewunderten. Aber niemand spielte mehr mit ihm. Aljoscha war traurig. Er sehnte sich nach der Freiheit und den Menschen, die an ihm Mutterstelle vertreten hatten. An einem regnerischen Sommertag, an dem fast gar keine Besucher im Tierpark waren, stand Aljoscha wie sonst in seinem Käfig und rieb seinen dicken Bärenkopf an der eisernen Gittertür. Plötzlich gab die Tür nach! Der Wärter mußte sie nach der Säuberung des Käfigs am Morgen nicht wieder sachgemäß verschlossen haben. Schon stand Aljoscha auf dem Kiesweg vor dem Käfig. Er reckte und streckte seinen steifen Körper, denn er war inzwischen ein großer und starker Bär geworden. Dann begann er seine Wanderung.

Aber es waren keine Menschen in der Nähe zu sehen. Er hätte gern mit einem von ihnen freundschaftlich gerungen, wie er es als Bärenkind mit den Gästen in der Wirtsstube im hohen Norden getan hatte. Er sehnte sich nach der Nähe der Menschen.

Aljoscha kam ungestört bis zum großen Eingangstor. Dort stand eine Lehrerin mit ihrer Schulklasse. Es waren ungefähr vierzig Mädchen. Auf sie tappte der Bär zu, indem er gutmütig brummte.

Ein Entsetzensschrei aus vierzig Mädchenkehlen war die Antwort! In panischer Angst stürzten die Mädchen auf die Straße, und ihre Zöpfe flatterten wild hinterher. Auch die Lehrerin verschwand mit gleicher Schnelligkeit wie die Kinder.

Das Fräulein an der Kasse, eine bebrillte ältere Dame, die sich das plötzliche Verschwinden der Mädchen nicht erklären konnte, steckte ihren Kopf aus dem Fenster des Kassenhäuschens. Da tappte der Bär auf sie zu. Er richtete sich auf und ging auf den Hinterbeinen, wie er es bei seinen Pflegeeltern gelernt hatte.

Da riß das Kassenfräulein das Schiebefenster herunter. Beherzt griff sie zum Telefon, und aufgeregt berichtete sie der Zooverwaltung, was sie sah.

Was danach geschah, ging in Windeseile. – Ein Trupp Wärter wurde ausgerüstet, den Ausreißer zu fangen. Die Feuerwehr wurde alarmiert und die Straße gesperrt. Die Polizei wurde verständigt, damit sie Warnmeldungen durch Lautsprecherwagen bekanntgab.

Aljoscha aber trabte unterdessen seelenruhig aus dem Tor hinaus. Das erste, was der Bär bemerkte, als er auf die Straße trat, war ein vorbeifahrendes Auto. Mit ihm war nicht zu spielen. Dazu war es zu schnell. Doch jetzt kam ein Briefträger fröhlich pfeifend auf seinem Fahrrad angefahren. Ihn wollte Aljoscha begrüßen. Der Briefträger aber verhielt sich seltsam: Den Bären sehen,

das Rad und die Posttasche wegwerfen und davonstürzen war eins.

Aljoscha war wieder allein, und er hätte doch so gern einen Menschen gehabt, dem er einen freundlichen Schlag mit seiner Bärentatze auf die Schulter gegeben hätte.

Was geschah jetzt?

Von allen Seiten erschienen Männer, die sich um ihn bemühten. Einige trugen dicke Stricke bei sich. Andere hatten eiserne Stöcke, aus denen Feuer sprühen konnte. Aljoscha kannte diese Art Menschen und ihre Gerätschaften aus der Zeit, als er seine Mutter verloren hatte. Plötzlich wußte er: Mit diesen Menschen war kein Spaß zu machen! Und er begann, um sein Leben zu rennen.

Doch der Bär war umzingelt. Ein Strick legte sich um seinen Hals. Ein anderer verband ihm die Schnauze. Dann spürte Aljoscha, wie ihm jemand eine Spritze unter die Haut jagte. Er fiel betäubt zu Boden.

Als Aljoscha aus seiner Betäubung aufwachte, befand er sich wieder in seinem Käfig. Die Tür war fest verriegelt, und der Bär lag wieder allein in seiner Ecke. Er wußte jetzt, die Menschen waren anders geworden. Nie mehr würden sie mit ihm spielen wie in seiner Kindheit. Aljoscha mußte sich daran gewöhnen. Ab heute war er ein erwachsener Bär, der bittere Erfahrungen gemacht hatte.

Bruno Horst Bull

Die Geschichte vom Bärenmenschen

Im Garten bewegte sich ein schwarzer Schatten. Jemand schnaubte, im Gebüsch knackte es. Als der Mond aufging, konnte man sehen, daß sich dort ein Bärenmensch versteckte. Leise schlüpfte er durch ein offenes Fenster in die Wohnung. Er schnüffelte, schaute in alle Zimmer. Ein Weilchen stand er über dem schlafenden Herrn Braun, fraß dann in der Küche eine Büchse gesalzene Erdnüsse auf und las lange im Telefonbuch – alle Namen, die mit „B" wie Bär begannen. Zum Schluß stahl er die Schuhe, die im Vorzimmer standen, und machte sich aus dem Staub. Niemand hat ihn dort je wiedergesehen. Seine alten, ausgelatschten Schuhe ließ er im Vorzimmer stehen.

Herr Braun, ein Bankbeamter, hatte es am Morgen eilig. Er schaute sich seine Schuhe gar nicht genau an, schlüpfte hinein und rannte auch schon die Treppe hinunter. Er hatte überhaupt nicht bemerkt, daß er sich in einen Bärenmenschen mit Pluderohren und einem Zottelschwanz verwandelt hatte. Herr Braun war kein sehr aufmerksamer Mensch. Morgens ging er in die Bank, abends kam er aus der Bank, unterwegs las er die Zeitung. Er legte sich immer früh schlafen. Das war kein besonders interessantes Leben. Herr Braun hatte nicht die geringste Ahnung von der Existenz irgendwelcher Bärenmenschen. Ebensowenig wußte er, daß, wer die Schuhe eines Bärenmenschen anzieht, sich selbst in einen Bärenmenschen verwandelt.

Er trat an den Kiosk, wollte seine Zeitung haben. „Guten Morgen", sagte Herr Braun zur Verkäuferin. Die Verkäuferin schaute einen Moment lang entsetzt und schluckte leer. „Ein Bär", schrie sie schließlich mit schwacher Stimme. Die Leute sollten nicht so viele Abenteuerromane lesen, dachte Herr Braun verdrossen. Er ging ohne seine Tageszeitung weiter. Was konnte man machen!

Als er in die Straßenbahn stieg, stiegen alle Leute sehr schnell aus. „Ein Bär", riefen einige. Vielleicht hält man mich für einen Kontrolleur, überlegte Herr Braun bestürzt, aber warum haben sie eigentlich *Bär* gerufen? Warum nicht *Kontrolleur*? Er trat von hinten zum Fahrer. Klopfte ihm freundschaftlich auf die Schulter. Er wollte nur ein bißchen mit ihm plaudern. „Ein Bär!" schrie der Fahrer, als er den Kopf drehte. Auch er stieg rasch aus. Sogar noch bevor die Straßenbahn zum Stehen kam. Herr Braun setzte seinen Weg zur Arbeit aus eigener Kraft fort. Ohne Zeitung und zu Fuß.

Er begegnete einer Dame mit einem Hund. „Ein Bär", kreischte die Dame rabiat. Mit einer unglaublichen Gewandtheit kletterte sie in die Krone eines Baumes. Der Hund blieb unten. Er saß am Fuß des Baumes, knurrte und schaute ganz bedrohlich. Er fletschte feindselig die Zähne. „Ich weiß, was du sagen würdest,

wenn du sprechen könntest", bemerkte Herr Braun namenlos
bitter, „du würdest sagen: ein Bär."

In der Bank richtete man sofort eine schrecklich große Pistole
auf Herrn Braun. „Halt, nicht schießen!" rief der herbeieilende
Direktor im letzten Moment. „Ein toter Bär in einer Kreditan-
stalt, das ist keine gute Reklame!" – „Herr Direktor", bat Herr
Braun, „könnten nicht *wenigstens Sie* von etwas anderem als von
Bären reden? Ich bin doch Ihr Prokurist Braun." – „Sehr gut,
Braun", sagte der Bankdirektor verärgert, „als Bären kann ich Sie
allerdings nicht länger beschäftigen. Das werden Sie hoffentlich
begreifen." Der Bankdirektor zeigte mit der Hand streng zur

Tür. „Der Lohn für ein halbes Jahr wird Ihnen selbstverständlich auf Ihr Konto überwiesen", rief er Herrn Braun hinterher.

Vor der Bank hatte sich inzwischen eine ansehnliche Menge ehrbarer Bürger zusammengerottet. „Warum fängt man ihn nicht?" kreischte eine alte Tante. Die Menge murrte unsicher. Jemand versuchte, Herrn Braun von hinten mit dem Regenschirm eins auf den Pelz zu brennen. Wohin sollte er sich wenden? Nach kurzem Zögern brach er auf zu seinem Zahnarzt. Außer dem Weg zur Bank und nach Hause war dies der einzige Weg, den er noch kannte.

„Guten Tag, Fräulein Schmidlin", sagte Herr Braun, als er das Wartezimmer für die Patienten betrat. „Guten Tag, Herr Braun", antwortete Fräulein Schmidlin, die Sekretärin, ohne von der Zeitschrift aufzusehen, in die sie gerade vertieft war. Herrn Braun erkannte sie leicht an der Stimme. Sie brauchte ihn nicht anzusehen. Er kam schon zwanzig Jahre zu ihnen, um seine Zähne reparieren zu lassen. Herr Braun setzte sich erleichtert in einen Klubsessel.

„Schlechtes Wetter", bemerkte Fräulein Schmidlin nach einer Weile, ohne von ihrer Zeitung aufzuschauen.

„Das Wetter kann immer noch schlimmer sein, als es jetzt ist, Fräulein Schmidlin", antwortete Herr Braun innig. Er war froh, daß sein Leben in die alten, gut eingefahrenen Geleise zwischen Bank und Zuhause zurückgekehrt war.

Da stürmt die Polizei herein. „Wo ist dieser Bär?" rufen die Polizisten. Herr Braun verkriecht sich in seinen Sessel. Fräulein Schmidlin schaut endlich auf. Sie sieht die Polizisten, sieht den Bärenmenschen im Sessel. Und fängt fürchterlich zu schreien an. Aus dem Behandlungszimmer schaut ein kleines Männlein im weißen Kittel, der Zahnarzt Vögeli. Doktor Vögeli ist ein alter, erfahrener Zahnarzt. Er hat den Leuten schon viel Gold in den Mund gelegt.

„Wer von diesen Herren ist als erster an der Reihe?" fragt Doktor Vögeli streng.

48

„Ich", antwortet Herr Braun schuldbewußt. Doktor Vögeli nimmt Herrn Braun am Ellbogen. Er führt ihn in sein Behandlungszimmer.

„Name? Beruf?" fragt Doktor Vögeli. „Ich bin doch Braun", seufzt Herr Braun entmutigt. „Schließlich und endlich", zwitschert Doktor Vögeli, „uns kann es völlig egal sein, daß Sie jetzt ein Bär sind."

„Meine Herren", ruft Doktor Vögeli den Journalisten zu, die hinter den Polizisten hervorlugen, „schreiben Sie bitte: Doktor Vögeli flickt selbst einem Bären die Zähne." Er knurrt aus einem Mundwinkel zur Sekretärin: „Fräulein Schmidlin! Die restlichen Herren bitte in die Kartei aufnehmen!"

Die Polizisten lärmen unzufrieden herum. Sie kämen auch gern auf ihre Rechnung. „Es ist ein Bär", behauptet der größte Polizist. „Ich bin doch nicht blind! Er hat Pluderohren und einen Zottelschwanz!" – „Es ist kein Bär!" widerspricht Fräulein Schmidlin. „Niemand anders kann so schön über das Wetter reden wie er. Es ist Herr Braun." – „Er ist gefährlich!" knurrt ein Polizist zwischen den Zähnen. Er schwingt seinen Gummiknüppel, hätte gern ein bißchen geschlagen. „Er ist nicht gefährlich. Er ist lieb", ruft Fräulein Schmidlin.

Herr Braun hört das auf der Schwelle zum Behandlungszimmer. Er bleibt ganz gerührt stehen und geht ins Wartezimmer zurück. Er küßt Fräulein Schmidlin verlegen. Sie erwidert seinen Kuß errötend. Und da verwandelt sich, fast wie in einem Märchen, der geküßte verzauberte Bärenmensch wieder in den Herrn Braun zurück. Die Journalisten fotografieren alles ohne Unterlaß. „Unsere Hochzeit wird in der Zeitung stehen", strahlt Fräulein Schmidlin. „Hochzeit?" wundert sich Herr Braun. „Heiratet denn jemand?"

Nach dem Fest fuhren sie auf die Hochzeitsreise. Wohin? Nach Bern natürlich. Seht, alles stimmt, ich habe mir nichts ausgedacht.

Jindra Čapek

49

Eine Bärengeschichte

Ich hatte eine Tante – eigentlich eine Großtante –, die wohnte in Rußland in einem kleinen Haus nahe beim Wald, ganz allein mit ihrer Köchin und einem zahmen Bären, den sie mit der Flasche aufgezogen hatte. Der Bär war jetzt ausgewachsen, so groß wie ein Mensch, wenn er sich aufrichtete, aber zahm und brav wie ein gut erzogener Hund. In den Wäldern dort gab es damals noch wilde Bären, die Menschen natürlich gefährlich werden konnten. Der Bär meiner Tante aber war lieb und brav, er tappte immer hinter ihr her und legte sich zu ihren Füßen hin, wenn sie am Fenster saß und stickte. Er besaß auch ein Häuschen, eine Art Hundehütte, natürlich größer, damit er genug Platz hatte. Dort schlief er oder sollte er schlafen; mit Vorliebe aber schlich er sich ins Schlafzimmer seiner Herrin. Auch Bären schlafen lieber im Zimmer als in ihren Hütten, genau wie Hunde.

Der Bär aß sehr gern Äpfel. Im Herbst, wenn die Apfelernte kam, saß er oft im Obstgarten unter einem Baum und wartete, daß ein Apfel herunterfiel. Den verspeiste er dann mit Genuß. Bären gehören zu den Allesfressern, sie mögen Obst und Gras ebenso wie Eier oder Fleisch. Am liebsten schlecken sie Honig, das ist ja bekannt.

Sonntags ging meine Tante immer ihre Schwester besuchen, zum Teetrinken. In Rußland trinkt man ja so gern Tee, und dabei läßt es sich gemütlich schwatzen. Die andere Tante wohnte in einem anderen Haus, etwas entfernt. Man ging etwa eine Stunde zu ihr, durch den Wald. Bei diesen Spaziergängen durfte der Bär nicht mit, das wußte er schon. Meine Tante hatte Sorge, er würde ihr im Wald vielleicht weglaufen, weil er sich plötzlich an die Freiheit erinnerte, in der Bären ja sonst leben. So ließ sie ihn daheim, machte ihm ein Halsband um und legte ihn an die Kette vor seiner Hütte. Er sah sie dann jedesmal herzbrechend traurig an, so daß sie ihn lange trösten mußte, ehe sie fortging.

„Ich komm' ja wieder, sei nur nicht so traurig", sagte sie und streichelte ihn, „und wenn du schön brav hier auf mich wartest, bekommst du heute abend einen Apfel."

Der Bär guckte zu ihr auf, als verstünde er alles. Und meine Tante machte sich auf den Weg, winkte ihm noch einmal mit ihrem Sonnenschirm zu und wanderte los. Es war schönes Wetter, und sie war guter Dinge. Bis sie plötzlich etwas hinter sich hörte, ein Knacken und Rascheln. Sie drehte sich ahnungsvoll um – und wirklich, sie hatte recht vermutet: Der Bär war hinter ihr. Er kam ihr nachgeschlichen und blieb, als sie sich umdrehte, hocken, während er zu ihr aufblickte. Meine Tante ärgerte sich.

„Was fällt dir denn ein? Du sollst doch zu Hause bleiben", schalt sie, „ich hab' es dir doch gesagt! Kommst du mir einfach so nach! Jetzt gehst du aber sofort zurück!"

Sie scheuchte ihn. Der Bär aber kehrte nicht um.

„Hast du nicht gehört? Sofort gehst du nach Hause!" sagte sie streng. Der Bär richtete sich auf. Er war größer als meine Tante – und natürlich breiter. Sie drohte ihm mit ihrem Sonnenschirm.

„Du bekommst heute abend nichts zu essen, wenn du jetzt nicht heimgehst, hörst du?" sagte sie ärgerlich. „Und dein schönes Halsband hast du auch verloren. Na, vielleicht finde ich es auf dem Rückweg. Nun los, marsch, zurück!" Und als der Bär immer noch nicht gehorchte, schlug sie ihm auf die Nase, so sehr, daß ihr Sonnenschirmchen dabei zerbrach. Auch das noch! Der Schirm war ziemlich zierlich, also gar zu sehr hat sie bestimmt nicht zugeschlagen. Sie wollte ihm ja nicht weh tun. Nur gehorchen sollte er.

„Marsch, ab mit dir!" sagte sie. Und nun drehte sich der Bär tatsächlich um, ließ sich wieder auf alle viere herunter und ging – zwar noch immer ein wenig widerwillig, das sah man deutlich, aber gehorsam – den Weg zurück. Meine Tante wanderte weiter, besuchte wie immer ihre Schwester, trank mit ihr wie immer Tee und erzählte von ihrer ärgerlichen Begegnung im Wald. Als es Abend wurde, machte sie sich wieder auf den Heimweg.

Die Köchin begrüßte sie und sagte, das Abendbrot sei schon fertig. Ob sie es bringen dürfte. Meine Tante aber ging erst einmal in den Hof zur Bärenhütte. Da saß der Bär angekettet davor und sah ihr entgegen.

„Ja, ja, du hast ein schlechtes Gewissen", sagte die Tante streng, „du bist mir nachgekommen, und ich hatte es dir ausdrücklich verboten. Du bekommst heute kein Abendbrot und auch keinen Apfel. Du warst ganz ungehorsam."

„Aber gnädiges Fräulein, der Bär war so artig, fast wie ein Engel", sagte jetzt die Köchin, die den Bären liebte, als wäre er ihr eigener Sohn. „Er hat die ganze Zeit hier gesessen und auf das gnädige Fräulein gewartet, ohne sich zu rühren."

„Die ganze Zeit?" fragte meine Tante. „Ist er denn nicht aus dem Halsband geschlüpft und mir nachgelaufen?"

„Aber nein, bestimmt nicht. Er hat sich nicht fortgerührt."

Meine Tante wurde plötzlich ganz blaß und stand starr da. Dann ging ihr ein Licht auf.

„Dann war das – dann war das – ein wilder Bär, der mir nachgegangen ist?" fragte sie, natürlich sich selbst, denn die Köchin kannte ja die Geschichte nicht. Die starrte ihre Herrin deshalb ziemlich entgeistert an.

Der Bär bekam an diesem Abend natürlich sein gewohntes Futter und dazu nicht nur einen, sondern zwei Äpfel. Und die Tante hat sich bei ihm regelrecht entschuldigt.

Bei dem andern Bären, bei dem, auf dessen Nase sie ihr Sonnenschirmchen kaputtgeschlagen hatte, konnte sie sich nicht gut entschuldigen. Sie hätte ihn vielleicht nicht wiedererkannt ...

Lise Gast

Kein Platz für Bären

Julia sitzt auf ihrem Lieblingsplatz ganz oben auf der Mauer. Die letzten Besucher des Tierparks sind gegangen. Unser Tierpark, denkt sie und ist stolz auf ihren Vater. Er ist Tierwärter im Park. Und weil sie auch hier wohnen, kann Julia zu den Tieren, solange sie will und wann sie will. Das tut sie auch. Am häufigsten besucht Julia die Bären. Ihnen kann sie stundenlang zuschauen. Julia weiß, daß ihre kleinen Freunde und Freundinnen sie darum beneiden.

Julia seufzt. Heute allerdings würde sie keines der Kinder beneiden, so traurig ist sie. „Morgen kommen die Leute vom Zoo aus der Stadt", hatte der Vater beim Mittagessen gesagt. Julia weiß, was das bedeutet. Pips, der kleine Bär, Pips, ihr Liebling, wird fortgegeben. Nachdenklich schaut sie von ihrem Mauerplätzchen hinunter ins Bärengehege. Die Bärenmutter Raschka trottet hin und her, manchmal brummt sie. Genau unter Julia steht sie still, hebt den schweren Kopf, schaut sie an. Das macht sie immer so, und Julia winkt ihr dann jeweils zu, ruft ihren Namen. Heute mag sie nicht. Ob Raschka wohl ahnt, daß sie ihr Bärenkind hergeben muß? fragt sich Julia. Guckt sie nicht ganz traurig und schwermütig? Julia schaut von Raschka weg, sucht Pips. Da, nur die Hinterbeine sind vom Bärchen zu sehen. Wieder einmal versucht das Bärenjunge, in den hohlen Baumstamm zu kriechen, der in der Mauerecke liegt. Jetzt gibt es auf, kriecht rückwärts wieder raus, rast durchs Gehege, zurück zum Stamm, klettert hinauf, versucht auf ihm zu gehen, purzelt hinunter. Es rappelt sich hoch, schüttelt verdutzt den Kopf. Julia lacht. So ein drolliger, kleiner Kerl. Jetzt scheint dem Bärchen das Herumtollen über, es ist müde. Gemächlich trottet es zur Mutter, die sich hingelegt hat, kuschelt sich neben ihr hin.

Morgen werden sie getrennt, denkt Julia. Zu wenig Platz hätte es bei ihnen, hat ihr der Vater erklärt, darum müßte das so sein.

Julia betrachtet das Bärengehege, den starken Zaun, der es vom Wald abtrennt. Wenn der Zaun nicht wäre . . . so viel Platz im nahen Wald.

Jetzt hat Julia die rettende Idee. Sie rutscht von der Mauer runter, rennt über die Wege, an all den anderen Tieren vorbei. Außer Atem kommt sie bei ihrer Wohnung an. Sie hält inne und verschnauft. Niemand darf was merken, denkt sie. Dann tritt sie ins Haus und in die Stube. Da sitzt ihr Vater, füllt den Tagesbericht aus. „Papa", fragt Julia, „leben Bären im Urwald?"

„Im Wald schon, aber nicht unbedingt im Urwald", antwortet ihr Vater.

„Also, so ein Wald wie bei uns, mit Tannen und Buchen und Eschen?"

„Genau so."

Julia ist aufgeregt. Ihr Plan scheint zu klappen. Wenn Bären nicht den Urwald brauchen, sondern einen ganz normalen Wald, kann sie Raschka und Pips doch einfach freilassen. Der Wald neben dem Tierpark ist riesig groß, denkt sie. Da haben die beiden genügend Platz.

Anders als sonst kann Julia es fast nicht erwarten, schlafen zu gehen. Die Eltern wundern sich. So bereitwillig ist ihre Tochter noch nie ins Bett geschlüpft. Julia wartet lange im Bett. Manchmal schläft sie beinahe ein, schreckt wieder hoch. Sie darf jetzt nicht einschlafen! Endlich hört sie die Eltern die Treppe raufkommen, sieht durch den schmalen Türspalt, daß im Schlafzimmer nebenan das Licht gelöscht wird. Ein paar Minuten wartet sie noch. Alles bleibt still. Julia steigt aus dem Bett, schlüpft in die Pantoffeln, stößt sachte die Tür auf. Gut, daß sie weiß, wo ihr Vater die Schlüssel zu den Gehegen aufbewahrt. Sie hat auch keine Angst, den richtigen zu finden. Fein säuberlich hat ihr Vater alle beschriftet.

Schrecklich dunkel ist es im Treppenhaus. Tapfer tastet sich Julia Stufe um Stufe hinunter. Jetzt müßte sie doch – da stößt ihr Fuß an ein Hindernis. Sie stolpert und fällt. Laut schreit sie auf vor Schreck. Es wird hell. Oben öffnet sich die Schlafzimmertür, Vater und Mutter eilen herunter. Auf der untersten Stufe sitzt Julia, hält sich den Kopf, weint und weint. Vor Schmerz, denn sie hat sich den Kopf am Geländer angeschlagen. Aber auch vor Enttäuschung, weil sie weiß, daß nichts aus ihrem Plan wird.

„Julia, was um Himmels willen machst du denn hier unten?" fragt besorgt ihr Vater, während die Mutter Julias Kopf auf Schrammen und Beulen untersucht.

Jetzt kann Julia ihr Geheimnis nicht mehr behalten. „Ich wollte Raschka und Pips freilassen. Im Wald hat's so viel Platz. Und vielleicht hätten sie uns und die anderen Bären gelegentlich besucht", schluchzt sie.

Ihr Vater nimmt sie auf seinen Schoß, reicht ihr ein Taschentuch. „Schau", meint er liebevoll. „Früher haben die Bären wirklich in unseren Wäldern gelebt. Aber da lebten noch nicht so viele Menschen hier. Die Wälder waren viel größer. Heute können Bä-

ren bei uns nicht mehr in Freiheit leben. Unsere Wälder sind viel
zu klein. Und viel zu viele Straßen sind gebaut. Die nächste ist ja
nur fünf Minuten von hier, und zur Autobahn ist es auch nicht
weit. Stell dir vor, Raschka und Pips möchten die Autobahn
überqueren. Das würden sie wohl kaum schaffen."

Das kann sich Julia gut vorstellen. Schließlich wagt auch sie
sich manchmal kaum über die Straße. Es war aber doch ein guter
Plan, denkt sie traurig. Wenn nur die Erwachsenen nicht so viel
wüßten. Schweren Herzens stimmt sie zu, daß Pips im großen
Zoo in der Stadt wohl besser aufgehoben ist.

„Ich versprech' dir, daß wir deinen Pips oft besuchen. Es ist ja
nicht weit", tröstet sie der Vater, hebt sie hoch und bringt sie ins
Bett. Julia kuschelt sich unter die Decke.

„Wenn wir Pips besuchen, bring' ich ihm einen Apfel mit. Die
hat er doch so gerne", murmelt sie vor sich hin, bevor ihr die Augen zufallen.

Beatrice Kästli

Einen Waschbären, bitte!

An der Gaststätte „Waldesruh" gab es außer Cola und Bier, Bauernfrühstück und Schinkenbrot noch manches andere, das den Gästen gefiel. Es gab ein Gehege mit Rehwild und ein anderes mit Wildschweinen. Es gab seltsame Vögel und einen Zwergesel und zwei Ponys zum Reiten.

Herr Ottenjan hatte die Tiere nach und nach gekauft, denn er wäre viel lieber Zoodirektor geworden als Gastwirt, und gerade in diesen Tagen hatte er den Entschluß gefaßt, sein Tiergehege zu erweitern. Seine Wahl war auf einen Waschbären gefallen. Ein Waschbär war nicht zu groß und nicht zu klein und sollte sogar zutraulich werden können. Außerdem sah er richtig verschmitzt aus mit den hellen Streifen im Gesicht, und seine Gewohnheit, das Futter vor dem Essen zu waschen, würde die Leute anlocken.

Also rief Herr Ottenjan die Tierhandlung an.

„Im Augenblick haben wir leider keinen Waschbären auf Lager", sagte der Mann am anderen Ende der Leitung. „Aber ich werde mich gleich darum bemühen. – Jawohl, Herr Ottenjan, und vielen Dank für Ihren Auftrag."

Während in der Gaststätte „Waldesruh" das Gehege gebaut wurde mit Kletterbaum und Schlafhöhle, vor allem aber mit einem Faß zum Futterwaschen, hatte der Tierhändler endlich, was er suchte, und eines Morgens wurde in Frankfurt ein Käfig mit einem jungen Waschbären in einen blauen VW-Transporter geladen. Das Wetter war gut und die Autobahn nicht voll, und so mußte eigentlich alles klargehen.

Nachdem sich der junge Waschbär an die Schuckelei gewöhnt hatte, untersuchte er den Käfig. Zuerst mit der Nase, danach mit den Pfoten. Er kam aus einem großen Gehege und hatte nur einen Wunsch: Raus aus diesem Käfig. Immer wieder fuhr er mit seinen Pfoten die Stäbe entlang, und je öfter er es machte, desto fester drückte er sich mit seinem Körper dagegen. Er biß in die Stäbe,

leckte daran und rieb aufgeregt seine Vorderpfoten aneinander. Dann sprang er an der Holzwand hoch, stieß sich am Kopf und ließ sich beleidigt fallen.

In der Lüneburger Heide kam das Auto in einen Stau. Hans, der Fahrer, schaltete das Radio an. „. . . elf Kilometer Stau infolge eines Verkehrsunfalles", hörte er. „Die Autofahrer werden gebeten, auf Bundesstraßen auszuweichen."

„Erst können vor Lachen", sagte Hans, der Fahrer, und zukkelte im Stau weiter. Nach zwei, drei Kilometern sah er das Hinweisschild „Rastplatz". Glück muß der Mensch haben, dachte er und fand einen schattigen Platz hinter anderen Autos. Hier wollte er warten, bis der Stau sich aufgelöst hatte.

Es war warm geworden. Hans kurbelte das Fenster auf und öffnete seine Colaflasche. Plötzlich fiel ihm der Waschbär ein. Dem mochte es in seiner Kiste auch warm sein.

Hans, der Fahrer, stieg aus, schob die Tür auf und setzte sich auf das Bodenbrett. Mit einemmal witschte etwas an ihm vorüber. Im nächsten Augenblick fuhr ihm der Mund auf. Was er vor sich zwischen Büschen und Sträuchern verschwinden sah, war ein Waschbärschwanz. „Haltet ihn! Haltet ihn doch!" schrie Hans und sprang mitten in die Sträucher hinein.

Viele erstaunte Gesichter starrten ihm nach.

„Übergeschnappt!" rief ein Lkw-Fahrer. Und ein anderer sagte: „Na, so heiß ist es auch wieder nicht."

Eine Frau ging zu dem offenen Transporter und sah den Käfig. „Du lieber Himmel, hier ist ein Tier ausgerückt. Vielleicht ein Affe?" Sie zeigte auf den Käfig und beugte sich vor. „Leer!" rief sie. „Der Käfig ist leer."

Dann warteten alle. Es dauerte eine halbe Stunde, bis Hans, der Fahrer, zurückkam. „Weg!" sagte er. „Ich habe ihn noch einmal auftauchen sehen, dann war er verschwunden."

Die Frau ging zu ihm. „Nu' lassen Sie mal, der kommt schon wieder."

„Haben Sie eine Ahnung", sagte Hans. „Was soll ich bloß machen? Ich muß ihn doch abliefern."

„Das beste wird sein, Sie fahren zur nächsten Polizeiwache. Sagen Sie einfach, daß Ihnen ein Affe ausgerückt ist. Dann läuft alles wie von selber: Rundfunk, Fernsehen und so weiter."

„Wieso denn ein Affe?" rief Hans. „Mir ist ein Waschbär ausgerückt."

„Damit dürfen Sie den Leuten bei der Polizei natürlich nicht kommen", sagte die Frau, „es muß schon ein Affe sein, und zwar ein großer."

„Jawohl, ein Schimpanse zum Beispiel", sagte ein Lkw-Fahrer.

„Ach nee", sagte die Frau, „die mag ich aber gar nicht leiden, das sind doch die mit dem roten Pöker."

„Na, dann muß es eben ein Gorilla sein", sagte ein anderer Lkw-Fahrer.

„Natürlich, ein Gorilla! Das zieht bestimmt."

„Dann können Sie gleich sagen, es war ein Elefant." Der Lkw-Fahrer lachte, was das Zeug hielt.

„Ach, hören Sie doch auf", sagte Hans, „mir ist wirklich nicht zum Lachen. Und überhaupt, ein Elefant hat doch in dem kleinen Käfig gar nicht Platz."

„Deshalb ist er ja raus!" rief die Frau, und alle lachten fürchterlich.

Jetzt wurde von neuem überlegt, und dann wurde der Käfig untersucht. Sie fanden einen einzigen lockeren Stab, aber niemand konnte sich erklären, wie es der Waschbär fertiggebracht hatte, den Stab so weit zur Seite zu biegen, daß er sich aus dem Käfig zwängen konnte.

Inzwischen hatte sich der Stau auf der Autobahn aufgelöst. Hans blieb nichts anderes übrig, als sich mit seinem leeren Käfig auf den Heimweg zu machen.

Darüber sind einige Jahre vergangen. Herr Ottenjan in der Gaststätte „Waldesruh" hat längst einen anderen Waschbären. Das heißt, er hat inzwischen vier, denn er hat sich gleich ein Pärchen gekauft, und das Pärchen hat vor einiger Zeit Nachwuchs bekommen. Die kleinen Waschbären sind so allerliebst, daß die Kinder, die vor dem Gehege stehen, keinen anderen Wunsch haben, als einen mit nach Hause zu nehmen.

Der ausgerückte Waschbär aber treibt sich bis auf den heutigen Tag in der Lüneburger Heide umher, und immer, wenn er wieder einen Pflaumenbaum geplündert hat, müssen die Kinder in der Schule zehnmal schreiben: „Der Waschbär gehört nach Nordamerika und hat in der Lüneburger Heide nichts zu suchen. Deshalb muß er gejagt werden."

Aber gekriegt hat ihn bis jetzt keiner.

Barbara Bartos-Höppner

Freddy Bär und Harry Melone

Ein Mann mit einer schwarzen Schiebermütze schlich gebückt über den Hinterhof der Spielwarenhandlung „Kinderparadies". In der linken Hand hielt er eine Taschenlampe. Mit der funzelte er überall herum. Nichts rührte sich. Alle Leute schliefen schon.

Der Mann grunzte zufrieden. Es war kein anderer als der berühmte Einbrecherkönig Harry Melone. Seit drei Wochen war er wieder auf freiem Fuß, und das gedachte er auch für die nächste Zeit zu bleiben. Deshalb durfte er sich beim Einbrechen nicht erwischen lassen. Aber heute lag ein Notfall vor. Sein Sohn Jimmy hatte am nächsten Tag Geburtstag, und er wollte ihm eine elektrische Eisenbahn schenken. Eine, wie er sie sich immer selbst gewünscht hatte. Und woher nehmen und nicht stehlen? Es ging gegen seine Einbrecherehre, einfach in einen Laden zu gehen und so eine Eisenbahn zu kaufen. Nein, es sollte mit Liebe ausgesucht und geklaut sein, so wie es sich für einen Einbrecherkönig geziemte.

Harry zerschlug mit einer schweren Eisenstange die Glasscheibe der Hintertür zum „Kinderparadies" und drang in den Laden ein.

Freddy Bär saß auf dem Regalbrett in der Puppenabteilung. Seit sechzehn Wochen saß er da, wie in einem Gefängnis. Und dabei hatte er noch nie in seinem Leben etwas angestellt. Als jetzt der Schein von Harry Melones Taschenlampe in seine Augen drang, erwachte Freddy Bär wie aus einem langen, langweiligen Traum. Endlich passierte etwas! Er beobachtete den Mann, der mit geschickten Fingern die Ladenkasse ausräumte und dann in die Eisenbahnabteilung ging, wo er eine halbe Stunde mit der Modelleisenbahn spielte und sie dann seelenruhig abbaute und in einen Koffer packte.

Als Harry mit seiner Arbeit fertig war, kam er bei Freddy vorbei. Freddy blinzelte ihm verschwörerisch zu.

Harry Melone blieb erschrocken stehen und dachte: Spinne ich, oder was? Dieser Bär hat doch soeben gezwinkert? Er sieht genauso aus wie der dämliche Teddy, den ich einmal zum Geburtstag bekam, als ich mir so sehnlich eine elektrische Eisenbahn wünschte. Ich glaube, ich werde alt und wunderlich. Harry Melone schüttelte ärgerlich den Kopf, riß die Tür sperrangelweit auf und verschwand in der Nacht.

Welch eine Gelegenheit! dachte Freddy Bär. Die Tür steht offen, da kann ich entwischen.

„Kommt einer mit?" rief Freddy Bär. Aber keiner von den anderen rührte sich. Alle schienen zu schlafen. Vielleicht stellen sie sich auch nur schlafend, weil sie Angst haben mitzukommen, dachte Freddy Bär. Und dann lief er auf die mondhelle Straße hinaus. Er war schon eine ganze Strecke gelaufen, als ihm einfiel, daß er vergessen hatte, die Polizei anzurufen, um sie von dem Einbruch zu unterrichten. Am Ende dachte man sonst, er habe die Kasse vom „Spielzeugparadies" geplündert. Freddy lief zur Notrufsäule am Park und holte das Versäumte nach. Dann rannte er davon, weil er plötzlich Angst hatte, die Polizei könnte kommen und ihn am Ende doch für den Einbrecher halten. Er lief eine Stunde lang quer durch den Park. Die Luft war frisch und würzig. Er wurde von der ungewohnten Anstrengung ziemlich müde. Deshalb legte er sich auf eine Parkbank und schlief ein bißchen.

Als Freddy Bär erwachte, war er ganz naß vom Tau. Er schüttelte sich und ließ sein Fell in der Morgensonne trocknen.

Dann joggte er den Parkweg entlang, bis er an die große Straße kam. Als er sie überqueren wollte, entkam er mit knapper Not einem Sportwagen, der mit überhöhter Geschwindigkeit durch die Kurven flitzte. An seinem Steuer saß ein Mann mit schwarzer Schiebermütze, der zum Geburtstag seines Sohnes Jimmy fuhr.

„Fast wärst du zu Mus geworden", sagte eine Schnecke, die an einem Grashalm knabberte. „Bären gehören in den Bärenwald."

„Wenn ich wüßte, wo der Wald ist, wäre ich längst hingelaufen", sagte Freddy Bär.

„Über die Brücke und dann immer geradeaus. Nicht zu verfeeeehlen", sagte die Schnecke gedehnt und kroch langsam weiter. Als Freddy Bär die Brücke überquert hatte, sah er in der Ferne tatsächlich einen Wald. Er rannte hin, so schnell ihn seine Plüschbeine trugen. Mhm, da roch es nach Rinde, Moos und Laub. So gut roch es in keinem Spielwarenladen der Welt.

Als er über die Wiese am Waldrand lief, stolperte er über einen Haufen mit weicher, krümeliger Erde.

„He, hallo, vorsichtig!" rief ein empörter Maulwurf. „Du rennst einen ja förmlich über den Haufen. Wo willst du denn hin?"

„In den Bärenwald. Ich möchte dahin, wo die richtigen Bären hausen!" sagte Freddy Bär.

„Dritter Baum links, vierter Baum rechts. Dann geradeaus bis zur Schlucht. Dort fließt der Bärenbach. Da treffen sich die Bären am Wasser."

„Danke", rief Freddy Bär vergnügt. Er freute sich darauf, bei den richtigen Bären zu leben. Aber als ihn die großen Bären sahen, lachten sie ihn aus:

„Du hier bei uns? Mit deinen Plüschohren? Nein, du paßt nicht hierher. Außerdem riechst du gar nicht wie ein Bär. Wie könnten wir dich dann im Dunkeln erkennen?" Und dann verjagten sie ihn. Freddy Bär war unheimlich enttäuscht. Er trottete den Weg zurück bis zum Stadtpark. Dann setzte er sich auf eine Bank und dachte nach. Und weil Nachdenken für kleine Bären ziemlich anstrengend ist, schlief er darüber ein. Er erwachte, als ihn ein kleines Mädchen auf den Arm nahm und rief: „Genau so einen Teddy hab' ich mir immer gewünscht."

„Bestimmt hat ihn jemand verloren", sagte die Mutter. „Wir sollten einen Zettel mit unserer Adresse an die Bank machen."

Niemand vermißte Freddy Bär. So durfte er bei dem Mädchen bleiben. Sie hieß Rieke und war sehr nett. Er durfte im Puppenbett schlafen und freundete sich auch mit den anderen Stofftieren an, die in Riekes Zimmer wohnten. Er erzählte von seinen Abenteuern und dichtete immer noch ein bißchen dazu. Kein Wunder, daß ihn alle bewunderten, denn keiner von den Anwesenden hatte je einen echten Maulwurf oder einen echten Einbrecher gesehen, nicht einmal die Puppen.

Manchmal kam ein Nachbarjunge zu Besuch. Er hieß Jimmy Melone. Er wollte immer mit Freddy Bär spielen. Zu Rieke sagte er eines Tages: „Magst du ihn mir nicht schenken? Ich mag ihn viel lieber als die elektrische Eisenbahn, die mir Papa zum Geburtstag geschenkt hat. Mit der spielt er nämlich immer selber."

Aber Rieke wollte Freddy Bär lieber selbst behalten.

Einmal kam Jimmy und lud Rieke zu sich nach Hause zum Spielen ein. Freddy Bär durfte sie begleiten.

„Wir haben die Eisenbahn ganz für uns alleine", sagte Jimmy stolz. „Papa ist nicht da. Er macht Urlaub in Hintergittern."

Ursel Scheffler

Bären fürchten sich doch nicht!

He, Knoxi!
Schläfst du schon?
Oder fürchtest du dich?
Ich bin doch bei dir.
Spürst du nicht,
daß ich dich ganz fest
in meinem Arm halte?
Und die Tür steht offen.
Siehst du nicht den Lichtschein?
Sie reden auch noch im Wohnzimmer.
Hör doch mal!

Weißt du überhaupt,
daß es Bären gibt,
die sich nie fürchten?
Gewiß, die sind größer als du
und auch viel stärker.
Die haben ein dichtes Zottelfell
und riesige Pranken mit scharfen Krallen dran.
Aber die liegen auch nicht
in so einem warmen Bett wie du.
In den hohen Bergen leben die,
wo der Wind abscheulich pfeift.
Zum Schlafen kriechen sie
in eine kalte Felsenhöhle.
Dauernd müssen sie auf der Hut sein
vor dem Jäger,
aber trotzdem fürchten sie sich nicht!
Niemals, Knoxi!

Wie willst du später mal zurechtkommen,
ängstlich, wie du bist?
Du weißt doch, daß ich vielleicht Forscher werde,
wenn ich groß bin.
Durch die ganze Welt ziehe ich dann
mit einem Rucksack auf dem Rücken.
Du glaubst, du paßt dort noch hinein?
Nein, dich kann ich ganz und gar nicht mitnehmen!
Du mußt hier auf mich warten, bis ich zurückkomme.
Wenn ich überhaupt zurückkomme.
Warum?
Denk mal an die Gefahren,
die überall auf mich lauern!
Krokodile und feuerspeiende Berge,
schreckliche Stürme und räuberische Horden!
Na, jetzt schau nicht so, Knoxi!
Ist ja noch nicht soweit!

Was möchtest du, Knoxi?
Ein Lied?
Aber wir sollen schlafen,
hat der Papa gesagt.
Im Wohnzimmer kann man es hören,
wenn ich singe.
Eine Geschichte?
Aber nur eine ganz kurze.
Also, es war einmal ein kleiner Bär.
Der hatte sich verirrt.
Die Dunkelheit war gekommen,
und jetzt war er ganz allein.
Diese Geschichte willst du nicht hören?
Aber ich kann nicht jedesmal vom Bär erzählen,
der König wurde.
Die Geschichte ist auch viel zu lang.

Was wir morgen machen?
Vielleicht fahre ich dich im Wagen aus.
Zum Spielplatz.
Oder zu Lisa.
Die hat auch einen Bären.
Aber wir fahren nur,
wenn du jetzt leise bist und schläfst.
Bist du auch zugedeckt überall?
Aber du frierst ja sowieso nicht
mit deinem dichten Pelz!

Warum quengelst du noch, Knoxi?
Durst hast du?
Aber wir hatten einen großen Becher Milch zum Abendbrot!
Papa wird es nicht mögen,
wenn ich noch einmal rufe.
Kannst du nicht aushalten bis morgen früh?
Nein?
Ja, dann ...
Dann ...
Also, ich tu's,
wirklich nur dir zuliebe, Knoxi!
„Papa!"

Frauke Nahrgang

Die Teddybär-Geschichte

In einem Wald, in dem die Bäume besonders dicht standen und es immer ein bißchen dämmrig war, wohnte einmal eine Bärenfamilie.

„Sei nicht so vorwitzig, und bleib immer schön hinter mir!" sagte Mutter Bär zu ihrem Bärenkind, wenn sie zusammen durch den Wald streiften.

Zuerst war der kleine Bär auch ganz brav. Aber als er größer wurde, hörte er nur noch mit *einem* Ohr auf die Worte der Mutter, dann nur noch mit einem *halben* und schließlich mit *keinem* mehr. „Ich wüßte zu gern", brummte er zu sich selbst, „wie es hinter den Bäumen aussieht."

Und eines Tages, als Vater Bär und Mutter Bär nicht so gut aufpaßten, lief der kleine Bär davon. Er lief durch den Wald, über Wiesen und Felder. Weil er schon ein bißchen müde war, blieb er vor einem Haus stehen, das von einem kleinen Garten umgeben war. Auf der Bank saß ein Mädchen und weinte. „Niemand spielt mit mir!" schluchzte es. Die Tränen liefen ihm dabei über die Wangen.

Das Bärenkind sah das kleine Mädchen an. Wie gerne würde ich mit ihm spielen, dachte es. „Wenn du möchtest", brummte es, „dann können wir uns ein bißchen schubsen."

„Wie geht das?" fragte das Mädchen neugierig.

„Du schubst mich mit dem kleinen Finger und ich dich mit meiner Nase, und wer dabei grob wird, der hat verloren." Damit war das Mädchen einverstanden.

Das Bärenkind kletterte über den Zaun, und sie spielten Schubsen, bis ihnen die Lust dazu verging. Später zeigte das Mädchen dem kleinen Bären seine Schaukel. Sie schaukelten, spielten Ball und lachten zusammen. Am Abend, als es an der Zeit war, ins Bett zu gehen, durfte der kleine Bär im Puppenwagen schlafen. Die Mutter des Mädchens deckte ihn wie ihr eigenes Kind zu.

In der Nacht träumte das Bärenkind vom Wald, von Vater Bär und Mutter Bär. Sie weinten, weil ihr Kind davongelaufen war.

Als der kleine Bär am nächsten Morgen aufwachte, war er krank. Er schlotterte an allen Tatzen. „Was fehlt dir?" fragte ihn das kleine Mädchen.

„Mich friert's", brummte das Bärenkind unglücklich.

„Aber du hast doch einen dicken Pelz. Wie kannst du da frieren?"

„Mich friert's unter dem Pelz", jammerte der Bär. „Irgendwie inwendig."

Da rief das Mädchen seine Mutter, und die Mutter rief den Vater. Alle beratschlagten, was man für das Bärenkind tun könne. „Ich glaube, es ist Heimweh", sagte der Vater auf einmal.

Und weil er ein kluger Mann war und wußte, wo die Bären wohnen, nahm er das kleine Bärenkind huckepack und trug es zurück in den großen Wald. Er brachte es dorthin, wo die Bäume besonders dicht standen und wo es immer ein bißchen dämmrig war. Mutter Bär und Vater Bär freuten sich, als sie ihr Kind wiedersahen. Sie umarmten es, und der kleine Bär war gleich wieder gesund. Das Mädchen aber weinte, weil es das Bärenkind so gern behalten hätte.

Da setzte sich seine Mutter hin und nähte einen kleinen Stoffbären. Zuerst zerschnitt sie eine wuschelige Decke. Aus schwarzen Knöpfen machte sie Augen. Mund und Nase stickte sie mit braunem Garn.

„Er sieht genauso aus wie mein Bärenkind", sagte das kleine Mädchen und nahm den Teddy glücklich in die Arme. Am Abend legte es den Bären in den Puppenwagen und deckte ihn zu. Als die Nachbarskinder den Stoffbären sahen, wollten sie auch mit ihm spielen. Damit es keinen Streit gab, nähte die Mutter für jedes Kind einen eigenen Teddybären. Sie nähte und nähte. Vielleicht näht sie heute noch.

Sigrid Heuck

Der kleine Brüllbär

Es war einmal ein kleiner Bär, der lebte mit seinen Eltern mitten im Wald. Der kleine Bär konnte für sein Alter ziemlich laut brüllen. Immer, wenn ihm etwas nicht gefiel, brüllte er, so laut er konnte. Deshalb nannten ihn alle Leute „der kleine Brüllbär".

Manchmal, sehr selten, ließen die Eltern ihren kleinen Brüllbären allein. Dann hatte er schreckliche Angst. Und wenn er Angst hatte, brüllte er am allerlautesten.

Eines Abends waren die Eltern bei Fritz Eichkater eingeladen.

„Ich will auch mit", rief der kleine Brüllbär.

„Das geht nicht", sagte die Mutter. „Es wird viel zu spät."

„Uaah", brüllte der kleine Brüllbär. „Ich will nicht allein bleiben!"

„Aber kleiner Brüllbär", antwortete die Mutter, „wir sind ja bald wieder da."

„Uaah", brüllte der kleine Brüllbär. „Das dauert mir viel zu lange."

Der Vater schüttelte den Kopf. „Bären benehmen sich nicht so dumm", sagte er.

Die Mutter machte dem kleinen Brüllbär das Abendbrot.

„Uaah", brüllte er. „Ich will nicht allein essen."

„Dann nicht", sagte die Mutter.

Sie räumte alles wieder fort und brachte ihn ins Bett.

„Schlaf gut, kleiner Brüllbär", sagte der Vater. „Wenn du aufwachst, sind wir wieder da."

„Träum süß, kleiner Brüllbär", sagte die Mutter. „Nachbar Uhu sitzt auf seiner Tanne und paßt auf dich auf."

Der kleine Brüllbär kroch tief unter die Decke und machte die Augen zu. Er wollte das Dunkel nicht sehen. Er wollte ein großer, starker, vernünftiger Bär sein. Aber er war nur ein kleiner Bär, der Angst hatte. Deshalb weinte er in sein Kissen. Zum Glück macht Weinen müde. So schlief der kleine Brüllbär bald ein.

Mitten in der Nacht wachte der kleine Brüllbär auf. Alles war dunkel. Ging da jemand durchs Zimmer? Der kleine Brüllbär brüllte so laut, wie er noch niemals gebrüllt hatte. Aber es half nichts. Da hörte er auf und lief aus dem Haus.

Draußen war es auch dunkel. Der Mond war nicht da. Nur ein paar Sterne standen am Himmel. Der kleine Brüllbär stolperte über die Wiese und rief: „Nachbar Uhu, wo bist du?"

Da hörte er gleich neben seinem Kopf eine Stimme: „Hier sitze ich ja, kleiner Brüllbär."

Der kleine Brüllbär blieb stehen und riß die Augen auf. Er stand wahrhaftig schon vor der großen Tanne. Nachbar Uhu saß auf einem Zweig und sah ihm aus seinen gelben Augen entgegen. „Warum schreist du denn so, kleiner Brüllbär?"

„Ich bin so allein. Erzählst du mir eine Geschichte?"

Nachbar Uhu nickte. „Ich will dir erzählen, wie der Mond vom Himmel verschwand."

„Aber auch, wie er wieder zurückkam", sagte der kleine Brüllbär.

Die Geschichte vom Mond

„Eines Nachts, als der Mond so silbern und rund war wie noch nie, fing er mit einem Mal an zu rollen. Er rollte über den ganzen Himmel, zwischen den Wolken hindurch und an den Sternen vorbei. Er rollte und rollte, schneller und schneller, und auf einmal fiel er ins Meer. Der Mond tauchte unter und sank auf den Grund. Alle Fische staunten ihn mit ihren Glotzaugen an.

Endlich kam ein besonders großer Fisch geschwommen. Er machte sein Maul auf und verschluckte den Mond. Der Fisch begann zu leuchten, als wäre er ein silbernes Licht. Um ihn herum wurde das Wasser ganz hell.

Der Wassermann schwamm mit seinen Nixen herbei. Sie fingen den leuchtenden Fisch in einem Netz und sperrten ihn in einen Käfig aus roten Korallen.“

„Und der Mond?“ fragte der kleine Brüllbär. „Was wurde aus dem Mond?“

„Das müssen wir abwarten“, antwortete Nachbar Uhu. „Heute ist er nicht da. Das siehst du ja selbst.“

„Ist die Geschichte schon aus?“

„Ja, für heute ist sie aus.“

74

„Uaah", brüllte der kleine Brüllbar. „Das war keine schöne Geschichte!"

„Brüll nicht so", sagte Nachbar Uhu.

Er schwang sich von Ast zu Ast, immer höher hinauf. Schließlich saß er ganz oben im Wipfel der großen Tanne.

„Von hier aus kann ich das Meer sehen", rief er hinunter. „Ich glaube, es leuchtet."

Der kleine Brüllbär war aufgestanden und reckte den Hals.

„Kannst du auch den Mond sehen?"

„Nein, den Mond sehe ich nicht", antwortete Nachbar Uhu.

„Uaah", brüllte der kleine Brüllbär. „Der Mond soll kommen! Papa soll kommen! Mama soll kommen!"

„Warte nur ab! Hab nur Geduld", antwortete Nachbar Uhu.

„Uaah, dann erzähl mir noch eine Geschichte!"

Nachbar Uhu schüttelte den Kopf. Seine Augen leuchteten gelb und rund. „Jetzt habe ich Hunger. Ich werde mir ein paar Mäuse fangen. Warte auf mich, kleiner Brüllbär. Ich bin gleich zurück."

Ingrid Uebe

Die Geschichte vom Bären

Marie sitzt in ihrem Zimmer und liest. Die Tür zum Balkon steht offen, und Marie wundert sich, daß es so still ist. Komisch, denkt sie, was mag nur mit Lisa sein?

Sie geht auf den Balkon. Lisa liegt unter dem Sonnenschirm und schläft. Was für ein Glück, denkt Marie, da kann ich in Ruhe weiterlesen. Immer stört sie mich, immer will sie überall dabeisein. Immer ist sie so laut, immer erschreckt sie mich mit irgendeinem Unsinn.

Marie schaut lange auf die schlafende Schwester. Ich könnte sie ein bißchen kitzeln, überlegt sie, oder sie ins Ohr kneifen. Ich könnte sie aber auch mit einem Trompetenstoß oder dem Klingeln des Weckers erschrecken. Oder ihr einen nassen Waschlappen aufs Gesicht legen oder ein bißchen Wasser aus der Gießkanne runtertröpfeln lassen.

Wie dumm, fällt es Marie plötzlich ein. Sie würde ja wach werden davon, und die schöne Ruhe wäre vorbei. „Nein“, sagt sie leise und streichelt vorsichtig die Wange der Schwester, „schlaf du nur schön.“

Sie geht in ihr Zimmer zurück und setzt sich an den Tisch. Von draußen hört sie das Summen und Brummen der Fliegen und Käfer. Die arme Lisa, denkt Marie, wahrscheinlich hat sich eine Fliege auf ihre Nase gesetzt und kitzelt sie wach. Ich muß doch mal schauen.

Sie geht wieder auf den Balkon hinaus und springt gerade noch rechtzeitig vor, um die Mücke, die sich auf Lisas Gesicht niedergelassen hat, zu erschlagen. Lisa fährt mit einem Schrei hoch und hält sich die von Maries Schlag feuerrot angeschwollene Wange.

Marie läuft in ihr Zimmer und riegelt die Tür hinter sich zu. Das glaubt mir keiner, denkt sie, das glaubt mir wieder keiner, daß ich sie nur vor einem Mückenstich bewahren wollte.

Sie nimmt das Buch vom Tisch, legt sich aufs Bett und liest die Geschichte vom Bären, der seinen liebsten Freund erschlug, weil er ihn vor der Fliege, die auf der Stirn des Schlafenden herumkrabbelte, schützen wollte.

Solche Geschichten, denkt Marie, sind ja zum Glück nicht wahr. Sie steht auf, geht zur Tür und schaut durch das Schlüsselloch.

Was ist denn das? Marie springt einen Schritt zurück. „Lisa“, ruft sie, „ich habe dir verboten, durch mein Schlüsselloch zu gukken, hau ab! Ich wollte dir keine runterhauen, wirklich nicht, ich wollte nur die Mücke vertreiben, die hätte dich doch gestochen! Und jetzt geh weg von meiner Tür, ich kann das nicht leiden.“

Die geht nicht weg, denkt Marie, die lauert vor der Tür, das merke ich doch. „Ich lese dir auch eine Geschichte vor", ruft sie laut, „aber nur, wenn du mich dann in Ruhe läßt, hörst du?"

Lisa antwortet nicht.

Das ist einfach ein Biest, denkt Marie. Was hat sie nur vor?

„Also", ruft Marie, „ich erzähl' dir jetzt eine Geschichte, paß auf. Es war einmal ein dickes rotes Gummibärchen, das war ziemlich dumm und ziemlich faul. Irgendwann lag das dicke rote Gummibärchen in der Sonne und sonnte sich. Ach, ist das schön, dachte das Gummibärchen, so soll es immer sein. Da es aber so dumm war, merkte es nicht, daß eine Mücke auf ihm herumkrabbelte. Es wäre auch viel zu faul gewesen, um sie zu verscheuchen. Da stach die Mücke das Gummibärchen in die Nase, und die Nase wurde so dick und so rot wie das ganze dicke rote Gummibärchen und – Lisa, hörst du zu?" ruft Marie. „Das dicke rote Gummibärchen mit der roten, dicken Nase kriegst du jetzt von mir geschenkt. Stell dir mal vor!"

Marie geht zu ihrem Tisch, holt ein dickes rotes Gummibärchen aus der Tüte und öffnet dann die Tür. „Hier", sagt sie, „hier ist dein Gummibärchen. Na, wo ist sie denn? Lisa?!" ruft Marie, aber Lisa ist nicht da.

Komisch, denkt Marie, eben stand sie doch noch vor der Tür? Wahrscheinlich hat ihr wieder mal meine Geschichte nicht gefallen, man kann ihr nichts recht machen. Dabei habe ich die Geschichte extra für sie erfunden!

Hanne Kulessa

Die nackten Bären

Ich bin ein alter Bär. Jack heiße ich. Jedenfalls haben mich die andern immer so gerufen. Nein, nicht die Bären hier im Gebirge, sondern die anderen in jenem Tal, in dem ich früher lebte. Ich erzähle nicht gern davon, denn oft werde ich deswegen ausgelacht. Besonders die jungen Bären necken mich immer wieder. „Erzähl doch wieder einmal das Märchen von den nackten Bären, Großvater", spotten sie. Dann verkrieche ich mich in meine Höhle. Ach, was sind das für Zeiten, wo man einem alten Bären nicht mehr glaubt, was er erlebt hat. Ja, wenn ich noch so jung und stark wäre wie damals, wäre das anders. Wenn ich noch ein so dichtes braunes Fell und so scharfe Krallen hätte. Niemand würde es wagen, mich auszulachen. Aber seit sie mich hier ins Gebirge gebracht haben, fühle ich mich müde und alt. Ich hocke in meiner Höhle und denke nur noch an früher, an mein breites, sonniges Tal. Auf seinem Grunde sprudelte ein klarer Bach, in dem es von glitzernden Fischen wimmelte. Fische, sage ich euch! Wenn ich daran denke, läuft mir das Wasser im Maul zusammen. Ich kannte damals eine untiefe Stelle im Bach, wo ich mit Leichtigkeit die saftigsten Forellen fangen konnte. Zum Nachtisch gab es in den lichten Wäldern Beeren, Pilze, Nüsse und Früchte im Überfluß. Und manchmal fand ich in einem hohlen Baumstamm sogar die süßen Honigwaben wilder Bienen. Kurz: Jenes Tal war ein Paradies.

Natürlich waren da noch die anderen. Irgendwann waren sie aufgetaucht. Zuerst beachtete ich sie kaum. Sie kamen in kleinen Herden, so wie manchmal Wildschweine durchs Tal zogen. Wenn ich sie von weitem sah, verkroch ich mich. Ich wollte meinen Frieden haben. Ihr könnt euch nicht vorstellen, wie ich erschrak, als ich vor meiner Höhle zum ersten Mal einem der andern Bären begegnete. Wäre es ein gewöhnlicher Braunbär gewesen, ich hätte nicht viel Federlesens gemacht. Aber so flüchtete ich mich auf den nächsten Baum, und dort blieb ich, bis der fremde Bär verschwunden war. Daß es ein Bär gewesen war, hatte ich sofort gesehen, denn er war auf seinen Hinterpfoten davongegangen. Und das kann ja wirklich nur ein Bär, oder?

Nun wußte ich, daß ich es mit einer ganz besonderen Sorte von Bären zu tun hatte. Sie haben nicht viel mit uns gewöhnlichen Braunbären gemeinsam. Nicht einmal ein Fell haben sie, und deshalb nannte ich sie ‚die nackten Bären'. Um ehrlich zu sein: Ein ganz kleines Stück Fell haben sie auf dem Kopf, und um den nackten Körper wickeln sie bunte Lappen, die sie nur ablegen, wenn sie im Bach schwimmen. Sie sind kleiner als wir Braunbären, doch bewegen sie sich flink und stoßen oft eigenartige, schrille Laute aus. Ihr Gebiß scheint nicht sehr gefährlich zu sein, und ihre Krallen sind stumpf. Das merkte ich alles erst mit der Zeit, und so verlor ich allmählich meine Angst vor ihnen.

Wenn ich mich einer Herde nackter Bären näherte, riefen sie oft „Jack, Jack . . ." und zeigten auf mich. Schließlich begriff ich, daß sie mich so nannten in ihrer Sprache. Und deshalb bin ich heute noch stolz auf diesen Namen, den die dummen Bären hier im Gebirge nicht einmal richtig aussprechen können.

Aber sonst habe ich nicht viel von ihrer Lebensweise verstanden. Wohl kamen sie in immer größeren Herden ins Tal, doch keiner richtete sich in einer Höhle ein. Obwohl jenes Tal das reinste Paradies ist, schien es ihnen doch nicht so zu gefallen, daß sie sich für immer niederließen.

Mit der Zeit hatten sie einen breiten Pfad durch den Wald getrampelt, über den sie sich in komischen, brummenden Kisten fortbewegten. An einer schönen, sonnigen Stelle hielten sie an. Mehrere Bären entstiegen der Kiste, dann bauten sie sich rasch eine Hütte aus denselben Lappen, die sie auch um den Körper wickelten. Rund um diese Hütten war ein Kommen und Gehen wie auf einem Ameisenhaufen. Überhaupt haben sie viel Ähnlichkeit mit Ameisen. Sie sind nie in Ruhe. Ständig streunen sie umher. Sie folgen schmalen Pfaden, die sie durch den Wald getrampelt haben. Wenn sie sich begegnen, stoßen sie schrille Laute aus oder tasten sich mit den Vorderpfoten ab. Im Bach schwimmen sie oder reiten auf einer Art farbiger Baumstämme durchs strudelnde Wasser. Einige klettern sogar an den Felswänden herum, die das

Tal umgeben. Man erkennt sie daran, daß sie mehr Fell haben als die gewöhnlichen, nämlich noch rund ums Maul herum. Ich habe ihnen oft zugeschaut, wie sie sich gegenseitig an langen Leinen durch die Felsen hochziehen.

Ehrlich gesagt: Warum die nackten Bären das alles machen, habe ich nie herausgefunden. Sie suchen nicht etwa nach Nahrung wie ein normales Tier, wenn es durch den Wald streift. Die Beeren und Früchte lassen sie meist achtlos an Sträuchern und Bäumen hängen, ja oft zertrampeln sie sogar die schönsten Pilze. Ich habe auch nie einen nackten Bären einen Fisch fangen sehen, obwohl sie sich scharenweise im Wasser tummelten. Und selbst so Leckerbissen wie Hasen, Hühner und junge Rehe verscheuchten sie mit ihren schrillen Stimmen und dem Gebrumm ihrer Kisten. Sie brachten nämlich all ihr Fressen mit. Wenn sie ihre Vorräte aufgezehrt hatten, brachen sie ihre Hütten wieder ab und verließen das Tal.

Eigentlich war ich ja froh, daß sie nicht alles auffraßen. Auch wenn sie viel zertrampelten und die kleinen Tiere verscheuchten, so hatte ich doch immer noch genug zum Leben. Jedenfalls mehr als hier in diesem kahlen Gebirge. Oft lag ich auf einem versteckten Vorsprung im Schatten und schaute dem Treiben im Tal zu.

Da kam mir eines Tages die Idee: Könnte es nicht sein, daß diese nackten Bären Kinder sind, junge Tiere, die von ihren Alten hierhergeschickt werden zum Spielen? Natürlich! Auch Braunbärenkinder sind ja nackt, wenn sie zur Welt kommen. Nur sind sie dann noch winzig klein, nicht größer als eine Ratte. Diese nackten Bären mußten die Kinder riesiger Tiere sein, die draußen in den Ebenen ihr Fressen suchten. Dort mußte es im Überfluß vorhanden sein. Wie anders war es sonst zu erklären, daß die Bärenkinder selbst in ein so schönes Tal ihr Fressen mitbrachten.

Der Gedanke an die riesigen Bären beunruhigte mich sehr. Doch dann sagte ich mir wieder: Bisher sind nur nackte Bärenkinder hier in mein Revier gekommen, und vor denen brauchst du dich nicht zu fürchten. Ich nahm also all meinen Mut zusammen und näherte mich dem Platz, wo ihre Hütten standen. Und da bemerkte ich wieder etwas Sonderbares. Die nackten Bären stießen aufgeregte Schreie aus: „Jack ... Jack ...“ Sie schienen Angst vor mir zu haben, zogen sich zurück und ließen selbst ihr Fressen liegen. Welcher richtige Bär würde das tun? Ich beschnupperte einmal, was da herumlag. Mmmmh ..., sage ich euch. Das duftete! Ich wollte nur ein klein wenig versuchen, wovon sie sich ernähren. Natürlich wußte ich, daß andere Bären unheimlich wild werden, wenn man in ihr Revier eindringt und sich an ihr Fressen macht. Aber ich konnte nicht widerstehen. Ich fraß ein paar duftende Brocken, die aussahen wie Holzstücke, jedoch weich und süß waren. So etwas Herrliches hatte ich in meinem ganzen Leben noch nie gekostet. Aus der nächsten Hütte drang ein ganz anderer Geruch. Ratsch ... mit einem Tatzenschlag fegte ich die Lappen weg. Schon wühlte ich in einem ganzen Haufen von Vorräten, schleckte ein weißes Mehl, das süßer war als die Waben wilder Bienen, zerrte mit den Krallen kleine Behälter auf,

in denen die nackten Bären Fische und Fleisch aufbewahrten. Ich fraß und schleckte alles durcheinander, denn ich hatte plötzlich einen unheimlichen Hunger bekommen, einen richtigen Bärenhunger. Eine Hütte nach der andern räumte ich aus, fraß immer erst die weichen Brocken, setzte mich dann hin, öffnete die kleinen Behälter und schleckte sie genüßlich aus.

Die nackten Bären waren alle geflohen. Eigentlich, so dachte ich, ist das ja mein Revier, und wenn sie mir ihr Fressen einfach so überlassen, werden sie wohl andernorts noch genügend davon haben.

Endlich war ich richtig satt. Ich trottete zum Bach, löschte meinen Durst und legte mich in den Schatten eines Baumes. Ich war so faul und schläfrig, daß ich nicht einmal mehr zu meiner Höhle hinaufklettern mochte.

Ach, ich dummer Bär! Wie ich erwachte, sah ich nämlich, wie sich eine kleine Herde der nackten Bären näherte. Es schien eine andere Sorte zu sein als jene von den Hütten. Ich merkte gleich,

daß sie keine Angst vor mir hatten. In den Pfoten hielten sie lange Prügel, die sie auf mich richteten. Nun hieß es also zeigen, wem dieses Revier gehörte ... Ich richtete mich auf, fletschte die Zähne und brummte. Ihr hättet mich sehen sollen. Jeder dieser mageren Bergbären hier in der Gegend hätte sich umgedreht und wäre davongelaufen. Nicht so die nackten Bären mit den Prügeln. Sie kamen näher und dann ... Srrrrt ... sauste mir etwas ins Fell, das mich wie eine Hornisse stach. Srrrrt ... noch ein Stich. Der Boden begann unter meinen Pfoten zu schwanken. Ich mußte auf allen vieren Halt suchen. Die Bäume begannen um mich herum zu tanzen. Ich fiel hin und schlief gleich ein.

Als ich erwachte, konnte ich mich nicht mehr bewegen. Ich war gefesselt, und selbst ums Maul hatte ich ein ekliges Gestell. Ich konnte nicht einmal mehr brummen. Einige der nackten Bären machten sich an mir zu schaffen. Eine riesige Herde hatte sich versammelt und betrachtete mich neugierig.

Und dann geschah etwas Ungeheuerliches. Ein Dröhnen und Brummen näherte sich. Am Himmel erschien ein riesiger Vogel mit schillernden Flügeln. Noch nie hatte ich so ein Ungetüm gesehen. Langsam schwebte es herab, und genau über mir blieb es in der Luft stehen. Seine Flügel bewegten sich so schnell, daß ein Sturm über den Platz fegte und die Bären zurückwichen. Vom Bauch des Vogels hing eine Leine herab. Daran wurde ich angebunden. Dann schwang sich der Vogel mit gewaltigem Dröhnen in die Luft. Ich baumelte an seinem Bauch und konnte noch sehen, wie unten die nackten Bären durcheinanderliefen. Bald waren sie so klein, daß sie wirklich nur noch wie Ameisen aussahen. Wir flogen immer höher, und trotz meiner furchtbaren Angst schaute ich hinab. Ein letztes Mal sah ich unten mein Tal mit dem lichten Wald und dem glitzernden Bach. Dann verlor ich das Bewußtsein wieder.

Als ich erneut erwachte, lag ich hier in der Nähe zwischen ein paar Büschen. Ich war nicht mehr gefesselt. Nicht weit entfernt stand der große Vogel, und in seinem Bauch saßen zwei nackte

Bären. Als ich meine zerschundenen Glieder streckte und mich unsicher aufrichtete, da hob der Vogel ab, stieg in die Luft und verschwand über jenen Bergen. Seither habe ich nie mehr einen nackten Bären gesehen, und auch der riesige Vogel ist nie mehr aufgetaucht.

Wie gesagt: Ich bin jetzt ein alter Bär, und ich habe viel erlebt und darüber nachgedacht. Auch wenn mich die andern hier auslachen, so bin ich doch sicher, daß die nackten Bären auch in diese Gebirge kommen werden. Und dann werden wieder die großen Vögel kommen und die letzten Braunbären davontragen. Wohin? fragt ihr. Das weiß ich auch nicht. Ich hoffe nur, daß ich es nicht mehr erleben muß.

Übrigens: Diese Geschichte ist keineswegs erfunden. Im Yosemite-Nationalpark in Kalifornien gibt es Bären, die in der Nähe von Campingplätzen leben. Sie sind scharf auf den Proviant der Touristen. Sonst sind sie harmlos. Tiere, die zu aufdringlich werden, werden von den Parkwächtern eingefangen, betäubt und mit Helikoptern in abgelegene Gebiete geflogen.

Emil Zopfi

Der geheime Olaf

„Lauf doch weiter, Burschi", sagt Papa.

„Ich will nicht", sagt Olaf.

„Stell dich nicht so an", sagt Papa, „es ist schön."

Er und Olaf sind auf dem Weg zum kleinen Erik. Der hat heute Geburtstag, und deshalb muß Olaf ihn besuchen. Nicht spannend, denn Erik ist viel zu klein zum Spielen. Er ist erst drei, und Olaf ist schon fünf.

„Wir gehen nur mal kurz vorbei", sagt Papa. „Erik ist auch auf deinem Geburtstag gewesen, also maul nicht so herum."

Die Haustür beim Erik steht weit offen. Sie gehen hinein und kommen ins Wohnzimmer. Da ist viel los.

Stühle stehen in einem Kreis, und auf den Stühlen sitzen lauter Erwachsene.

„Ach, da sind ja Paul und Olaf", sagt Eriks Mutter. „Hallo, kommt rein. Zieht den Mantel aus und setzt euch."

„Tag, Kleiner", sagt Papa zu Erik. Und zu Olaf sagt er: „Hier, gib Erik mal dein Geschenk."

Dann setzt er sich zu den anderen Großen.

Olaf nimmt das eingepackte Spielzeugauto und geht damit zu Erik, der in einer Zimmerecke sitzt und Torte ißt.

„Hier", sagt er.

Ohne etwas zu sagen, stellt Erik das Auto auf den Boden und reißt das Papier ab.

„Es ist ein Auto", sagt er und schaut Olaf an.

Ja, das weiß Olaf auch schon. „Sollen wir damit spielen?" schlägt er vor.

„Nein", ruft Erik. „Es gehört mir!" Er rennt zu einem Schrank und wirft das Auto hinein. Dann drückt er die Schranktür zu und hockt sich dagegen, so daß niemand mehr dran kann.

Na, dann eben nicht, denkt Olaf.

Er dreht sich um. Viele Gäste sind da, fast alles Erwachsene.

Und schon wieder kommen neue Leute. Nathalie und ihre Mutter. Nathalie ist ein Mädchen aus der Nachbarschaft. Olaf findet sie nicht besonders nett.

Nathalie kommt auf Erik und Olaf zu. „Herzlichen Glückwunsch", sagt sie. Sie gibt Erik die Hand und will ihm auch einen Kuß geben. Aber Erik reißt sich los und versteckt sich hinter einem Sessel.

Ein bißchen böse schaut Nathalie ihm nach. Dann holt sie ein Päckchen aus einer Plastiktüte und sagt: „Ich habe ein Geschenk für dich."

Sofort kommt Erik wieder zum Vorschein und reißt Nathalie das Päckchen aus den Händen. „Gib her", sagt er.

„Na hör mal, Erik, das ist nicht nett", sagt Nathalie.

Aber Erik hört ihr nicht zu, er ist mit dem Aufreißen des Päckchens viel zu beschäftigt.

„Es ist ein schönes Buch", sagt Nathalie. „Es handelt von einem Jungen und . . ."

„Ja", sagt Erik. Er rennt wieder zum Schrank, wirft das Buch hinein und geht dann zu den anderen Gästen.

Er will bestimmt nur sehen, wer sonst noch ein Päckchen dabeihat, denkt Olaf.

Nathalie schaut Erik einen Moment lang verdattert nach. Aber gleich dreht sie sich zu Olaf um und gibt auch ihm die Hand.

„Herzlichen Glückwunsch", sagt sie. Und bevor Olaf weiß, was passiert, hat sie ihm schon einen Kuß gegeben. Puh! Olaf wischt sich mit der Hand über die Backe.

Inzwischen rennt Erik schon wieder vorbei, auf dem Weg zum Schrank. Er hat eine Schachtel Buntstifte in der Hand. „Das gehört mir!" ruft er und wirft die Schachtel in den Schrank. Wieder setzt er sich mit dem Rücken dagegen.

Da sieht man, wie lahm es hier ist. Olaf hat es gleich gewußt. Nie läßt Erik jemanden mit seinen Spielsachen spielen. Nie.

„Schaut mal, Kinder", sagt Eriks Mutter, „Limonade." Sie stellt drei Gläser auf einen Tisch und fragt: „Spielt ihr schön? Was hast du denn von Olaf und Nathalie bekommen, Schatz?"

Erik gibt ihr keine Antwort. Er nimmt ein Glas und trinkt es auf einen Zug leer.

Wenn Olaf zu Hause sein Glas einfach leer trinken würde, ohne zuerst Antwort zu geben, wäre Papa sauer. Aber Eriks Mutter sagt nur: „Also spielt nur schön weiter", und geht dann zurück zu den Erwachsenen.

Auch Olaf trinkt seine Limonade aus. In einer Zimmerecke sieht er eine Garage stehen, mit kleinen Autos drin.

„Sollen wir mit den Autos spielen?" fragt er.

„Nein", sagt Erik, „die darfst du nicht anfassen." So schnell er kann, schleppt er die Garage zum Schrank und schiebt sie hinein.

Was für ein Mistkerl. Wenn er das nächste Mal zu Olaf auf Besuch kommt, darf er auch mit nichts mehr spielen. Selber schuld.

Olaf seufzt und schaut im Zimmer herum. Er sieht, daß Nathalie zu dem Kreis der Erwachsenen gelaufen ist. Sie gratuliert jedem. Erik sitzt hinter dem Sofa und mampft schon wieder ein großes Stück Torte.

Olaf geht zu Papa und fragt: „Wann gehen wir heim?"

„Was hast du gesagt, Burschi?" fragt Papa, der sich mit einer fremden Frau unterhält.

„Ich will heim."

„Später", sagt Papa.

„Ich will jetzt heim", sagt Olaf.

„Olaf, hör auf, wir sind grad erst gekommen."

„Hier ist es nicht schön", sagt Olaf. Böse geht er von Papa weg und setzt sich auf das Sofa. Wäre er nur daheim geblieben. Wäre er nur nie hierhergekommen. Erik spielt den King, und Nathalie ist blöd. Und alle Spielsachen liegen in dem Schrank, in den niemand reinschauen darf. Und ... Moment mal! Alle Spielsachen liegen in dem Schrank, in den niemand reinschauen darf ...

Olaf grinst. Er schaut hinter das Sofa, aber Erik ist nirgends zu sehen. Bestimmt ist er wieder in der Küche und holt sich ein neues Stück Torte. Prima! Olaf rennt zum Schrank und macht ihn auf. Es ist ein tiefer, dunkler Schrank. Oben an einer Stange hängen Kleider. Und unten liegen Eriks Spielsachen. Auch die neuen, die er gerade geschenkt bekommen hat.

Olaf kichert. Noch einmal schaut er sich um, aber niemand achtet auf ihn. Schnell steigt er in den Schrank und zieht die Tür hinter sich zu.

Es ist wirklich sehr dunkel im Schrank. Nur durch das Schlüsselloch fällt ein bißchen Licht herein. Ein sehr dunkler Schrank. Nein, kein dunkler Schrank. Es ist Olafs Geheimplatz. Und die Spielsachen sind Olafs Geheim-Spielsachen. Bätsch!

Olaf tastet um sich. Er nimmt die Garage und lehnt sie gegen eine Wand. Dann nimmt er das Auto, das er Erik gerade geschenkt hat, und fährt damit herum. Es ist mitten in der Nacht, und Olaf ist mit seinem Auto unterwegs zu seiner geheimen Garage. Fast geräuschlos fährt das Auto durch die Dunkelheit, denn niemand darf ihn hören.

Auf einmal geht die Schranktür auf. Olaf erschrickt und bleibt regungslos sitzen. Ein Spielzeugbär wird hereingeworfen, und die Schranktür geht wieder zu.

„Er gehört mir!" hört Olaf Erik rufen. Dann hört er einen Schlag gegen die Schranktür.

„Hallo, Bär", flüstert Olaf.

„Hallo, Olaf", flüstert der Bär. „Ich bin ein geheimer Bär, darf ich bei dir mitspielen?"

„Du mußt aber ganz still sein", sagt Olaf.

„Ja, wir müssen ganz leise spielen", flüstert der Bär. „Denn wenn uns der blöde Erik hört . . ."

„Dann hauen wir ihn zusammen", sagt Olaf.

„Ja", sagt der Bär, „dann hauen wir ihn zusammen."

Grinsend setzen sie sich nebeneinander und warten darauf, daß wieder etwas hereingeworfen wird.

Rindert Kromhout
Aus dem Niederländischen von Mirjam Pressler

Quellennachweis

Barbara Bartos-Höppner, *Glück und Segen*, aus: Alles Liebe zum Geburtstag, hrsg. von Renate Navé, Wien – München 1989. © Autorin.

Arnold Lobel, *Der Bär und die Krähe*, aus: Arnold Lobel, Das Krokodil im Schlafzimmer. © Lappan Verlag, Oldenburg 1986.

Elsa Holmelund Minarik, *Der kleine Bär und der Vogel*, aus: Elsa Holmelund Minariks Geschichten vom kleinen Bären. © Text, Illustrationen und Ausstattung der deutschen Ausgabe by Verlag Sauerländer, Aarau (Schweiz) 1964.

Fredrik Vahle, *Der Bär als Weihnachtsbaum*, aus: Fredrik Vahle, Weihnachtsgrüße. © Gertraud Middelhauve Verlag, München 1986.

Jutta Richter, *Die Neujahrsnacht*, aus: Jutta Richter, Annabella Klimperauge, Geschichten aus dem Kinderzimmer. © C. Bertelsmann Verlag GmbH, München 1989.

Ein Kindermädchen für die kleinen Bären. Ein russisches Märchen, aus: Zu guter Letzt, hrsg. und nacherzählt von Klaus Seehafer. © Patmos Verlag, Düsseldorf 1989.

Ursula Fuchs, *Die Kamelkarawane*, aus: Ursula Fuchs, Geschichten vom Bär. © Anrich Verlag GmbH, Kevelaer 1984.

Gina Ruck-Pauquèt, *Der kleine Nachtwächter und der Bär*. © Autorin.

Frauke Nahrgang, *Superfreund Bär*, aus: Frauke Nahrgang, Zaubertage, Düsseldorf 1990. © Autorin.

Janosch, *Bärenzirkus Zampano*, Bilderbuchtext, aus: Janosch, Bärenzirkus Zampano. © Parabel Verlag, München 1984.

Bruno Horst Bull, *Aljoscha, der Bär*, aus: H. J. Gelberg, Kinder-land – Zauberland. © Georg Bitter Verlag, Recklinghausen 1968.

Jindra Čapek, *Die Geschichte vom Bärenmenschen*, aus: Petr Chudožilov / Jindra Čapek, Auf dem Walfisch. © Ravensburger Buchverlag Otto Maier GmbH, Ravensburg 1991.

Lise Gast, *Eine Bärengeschichte*, aus: Das große Lise Gast Buch. © Loewes Verlag, Bindlach 1978.

Beatrice Kästli, *Kein Platz für Bären* (Originalbeitrag). © Autorin.

Barbara Bartos-Höppner, *Einen Waschbären, bitte!*, aus: Gute Besserung, hrsg. von Burghard Bartos, München 1989. © Autorin.

Ursel Scheffler, *Freddy Bär und Harry Melone*, aus: Alles Liebe zum Geburtstag, hrsg. von Renate Navé, Wien – München 1989. © Autorin.

Frauke Nahrgang, *Bären fürchten sich doch nicht!*, aus: Frauke Nahrgang, Zaubertage, Düsseldorf 1990. © Autorin.

In gleicher Ausstattung sind bisher im
Loewes Verlag erschienen:

Adventsgeschichten zum Vorlesen
Gutenachtgeschichten zum Vorlesen
Ostergeschichten zum Vorlesen
Spaßgeschichten zum Vorlesen
Tiergeschichten zum Vorlesen
Weihnachtsgeschichten zum Vorlesen